차이나는
국어시간

차이 나는 나는 국어 시간

문학작품 들고 교과서 밖으로 튀어! ————— 공규택 지음

북트리거

목차

아침
조회

모르는 게 없는
척척박사 챗GPT,
국어 공부와도 친해질 수
있을까?

바야흐로 4차 산업혁명 시대에 접어들었습니다. 빅데이터, 사물인터넷, 드론, 메타버스, 로봇공학, 자율주행, 블록체인… 불과 수 년 전만 해도 낯설기만 하던 말과 기술들을 어느덧 일상의 곳곳에서 마주치게 되었습니다. 이런 첨단 기술의 향연 속에서 앞으로 다가올 미래 사회의 변화를 대표하는 가장 뜨거운 키워드는 누가 뭐래도 '인공지능(Artificial Intelligence)' 아닐까 합니다.

이제 사람들은 인공지능으로 미래에 발발할 전쟁을 미리 예측합니다. 영화를 개봉하기도 전에 인공지능을 통해 흥행 가능성을 예측하고, 인공지능이 의사보다 더 정확한 진료를 해낼 뿐 아니라, 농부보다 인공지능이 농사를 더 잘 짓는다는 말도 나옵니다. 인공지능은 심지어 정치 분야에도 진출했습니다. 2018년 러시아 대선에서 '알리사'라는 인공지능이 가상 후보로 언급되는가 하면, 2024년 영국 총선에서는 스티브 엔더콧이라는 사업가가 만든 'AI 스티브'가 선거에 출마하기도 했습니다(실제 후보 등록은 엔더콧 본인이 했다고 합니다).

'인간성의 마지막 보루'로 여겨지던 문예 창작 영역도 예외는 아닙니다. '생성형 AI(Generative AI)'의 등장으로 인하여, '창작'은 더 이상 인간만의 고유한 활동이 아니게 되었습니다. 생성형 AI는 사람처럼 대화하고, 새로운 콘텐츠를 만들어 내기까지 합니다. 소설도 쓰고, 그림도 그리고, 작곡도 할 수 있습니다. 인간이 도저히 따라 할 수 없는 속도로, 인간의 작업물과 쉬이 구별하기 어려운 높은 수준의 결과물을 만들어 주는 생성형 AI의 도래는 사람들에게 상당한 충격을 주었습니다. 게다가 그 완성도는 지금도 나날이 발전하는 추세입니다.

본격적인 시작은 미국 인공지능 연구소 오픈AI에서 만든 챗GPT였습니다. 그 뒤를 이어 구글에서는 제미나이(Gemini)를, 마이크로소프트에서는 '코파일럿(Copilot)'을 출시했습니다. 국내 기업인 네이버에서도 '하이퍼클로바X'를 개발하여 내놓았습니다. 2024년 10월 기준, 가장 최신 모델인 챗GPT o1은 고도의 추론 능력을 요하는 수능 시험이나 법학적성시험(LEET), 공인회계사시험(CPA)도 척척 풀어내고 있습니다. 휴대전화에도 인공지능이 삽입되는 시대입니다. 목적과 대상에 따라 문자메시지 내용을 알맞게 고쳐 주는 기능도 이미 상용화되었습니다. 이제 연애편지조차도 AI가 대신 써 줄 수 있는 시대가 온 것입니다. 이렇게 일상으로 파고든 인공지능을 지켜보노라면 가까운 미래에 인공지능이 활용되지 않을 분야는 없어 보입니다.

인공지능이 다재다능을 넘어 전지전능으로 넘어가는 시대, 학교에서는 걱정 섞인 목소리가 들려옵니다. "이제 머지않아 학교에서 교사는 필요 없게 되지 않을까?" 급속하게 발달을 거듭한 인공지능이 학교에서 교사들을 몰아내는 일이 과연 현실에서 벌어질까요? 인공지능이 지금 교육 현장에 배치된다면 과연 교사보다 학생들을 더 잘 가르칠 수 있을까요? 아이들은 교실에서 인공지능을 과연 믿고 따를까요? 우후죽순처럼 떠오르는 갖가지 질문들을 뒤로한 채, "하루가 다르게 발전하는 최첨단의 인공지능 기술을 국어 시간에 참신하게 써먹을 수 있는 방법은 없을까?"라는 질문을 던지며 스스로 고민했습니다.

AI가 수업 시간에 들어오는 일이 아직도 머나먼 미래의 일이라고 생각하나요? 2025년부터 일선 학교에 AI 디지털교과서가 보급되기 시작한다고 합니다. 조만간 학교 현장에서도 AI는 필수적인 교육 도구가 될 것입니다. 이제 겁만 낼 것이 아니라 교육 현장에서도 인공지능과 어떻게 친해져야 할지 고심할 때입니다.

검색 능력이 아닌, 질문 능력을 길러야

일반적으로 검색을 할 때, 사람들은 어떤 의문에 대한 '정답'을 얻어 내려고 합니다. 기존의 검색 습관을 그대로 답습한다면, 챗GPT에게도 가장 정선된 단 하나의 정답을 출력하도록 요구할 것입니다. 하지만 생성형 AI의 놀라움은 단지 '정답'을 '효율적으로' 제공하는 데 그치지 않습니다.

챗GPT를 비롯한 인공지능 서비스가 기존의 인터넷 검색과 차별화되는 지점이 있습니다. 바로 '대화형'이라는 점입니다. 기존의 검색이 키워드를 기반으로 한 일회성 답변 구하기에 그치는 반면에, 생성형 AI와는 일상에서 대화를 나누듯 꼬리에 꼬리를 무는 대화가 가능합니다. 인공지능이 내놓은 답변을 바탕으로 또 다른 질문과 요청을 이어 갈 수 있습니다. 달리 말하면, 생성형 AI는 학생 스스로 질문을 던지고, 다양한 의견과 쟁점을 주고받으며 토론하는, 자기 주도적 학습 습관을 들이는 데 최적화된 도구가 될 수 있습니다.

이렇게 보면 교육 현장에서 AI의 역할도 달리 보입니다. 선생님이 아이들에게 단편적인 지식을 전달하거나 문제 풀이를 돕는 교육 활동에만 인공지능을 활용하고자 한다면, 학교에서 이루어지는 교육의 제반 활동에서 선생님의 역할은 조만간 소멸하고 말 것입니다. 아무리 뛰어난 교사라도 인공지능이 가지고 있는 방대한 지식의 양과 문제 해결 속도를 따라잡을 수 없을 것이기 때문입니다. 그래서 교육의 영역에서 인공지능을 활용하고자 할 때는 지속 가능한, 교사와 학습자의 역할과 상호작용을 염두에 두어야 합니다.

한편 인공지능이 내놓는 답변은 학습자가 '어떻게' 묻느냐에 따라 매우 상이한 결과를 내놓습니다. 가령 문학 시간에 인공지능을 활용하여 윤동주 시인을 주제로 학습 활동을 하는 경우를 가정해 보겠습니다. 먼저 윤동주 시인의 작품과 관련된 하위 주제를 각자 자율적으로 정합니다. 다음으로 인공지능에게 다양한 질문을 던져 시인에 관한 정보를 다각도로 수집해 보게끔 합니다.

어떤 학생은 인공지능에 '윤동주 시인은 주로 어떤 주제로 시를 창작했나요?'라고 물을 수 있고, 다른 학생은 '윤동주 시인은 어떤 삶을 살았나요? 또 그의 생애는 작품 활동에 어떻게 녹아들었나요?'라고 물을 수도 있겠지요. 또 어떤 학습자는 여기다 추가 조건을 넣어 '200자 이내로 응답해 주세요.'라고 요청하기도 할 겁니다. 구글의 제미나이를 일례로 든다면, 학습자의 두 질문에 다음과 같이 서로 다른 답변을 내놓습니다.

👤 **윤동주는 주로 어떤 주제로 시를 창작했나요?**

⚙️ 윤동주 시인의 시에는 다양한 주제가 다루어지지만, 크게 내면적인 고뇌와 갈등, 사랑과 희망, 민족의식 등 세 가지 주제로 나눌 수 있습니다.

👤 **윤동주 시인은 어떤 삶을 살았나요? 또 그의 생애는 작품 활동에 어떻게 녹아들었나요?**

⚙️ 윤동주는 일제강점기 속에서 민족적 고뇌와 자아 성찰을 담아낸 저항 시인입니다. 그의 생애는 일제의 억압 속에서 정체성과 도덕적 순수함을 찾으려는 노력으로 가득했습니다. 대표작 「서시」와 「별 헤는 밤」 등에서 그는 개인적 고뇌와 민족적 슬픔을 시적으로 표현했습

니다. 1945년 후쿠오카 형무소에서 옥사했으나, 그의 시는 오늘날까지 순수함과 도덕적 성찰의 상징으로 기억됩니다.

인공지능이 상이한 답변을 내놓는다는 것은 인공지능에 제대로 질문해야 제대로 된 답변을 얻을 수 있다는 점을 시사합니다. 질문의 내용과 형식에 따라 인공지능이 산출하는 결과값이 달라지기 때문에 학습자의 요구에 부합하는 산출물을 얻으려면 질문을 '잘' 할 줄 알아야 한다는 것입니다. 따라서 인공지능 시대에 가장 유용한 능력은 바로 '질문하는' 능력이라고 할 수 있습니다. 학습자가 인공지능을 통해 원하는 정보를 얻으려면, 질문의 의미와 가치, 맥락에 대해 이해하고 질문을 적극적으로 생성하는, 이른바 '질문 능력'이 적극적으로 요구됩니다.

이러한 상황을 국어 시간에 적용하면, 학생들이 국어 수업 전 과정에 주도적으로 참여하여 질문하고 스스로 답을 찾아가는 과정을 경험할 수 있도록 수업이 설계되어야 한다는 시사점을 얻을 수 있습니다. 즉 수업 시간에 인공지능을 활용하여 수업을 진행하고 이 과정 속에서 학생들이 가치 있는 질문을 최대한 활성화할 수 있도록 안내하는 것이 국어 선생님의 역할이 되어야 합니다. 인공지능을 학습자 앞에다 가져다주는 것에 그쳐서는 안 된다는 것입니다.

또한 인공지능을 활용하여 학습자에게 일련의 학습활동을 제공할 때, 각자 산출한 정보를 한데 모아 서로 비교하며 종합하는 토의와 토론의 과정이 뒤따라야 합니다. 질문의 미세한 차이만으로도 인공지능이 산출하는 답변이 각각 다르기에 이러한 산출물을 종합하는 학습자 간의 토의와 토론은 반드시 필요합니다.

이뿐만이 아닙니다. 인공지능 서비스가 아직까지는 오류 없는 100퍼센트 순도의 정확한 답을 산출해 내고 있지 못하기 때문에 데이터의 오류를 걸러 내는 학습자 간의 교차 검토 역시 뒤따라야 합니다. 한번 예를 들어 보겠습니다. 윤동주 시인의 작품 중에 일제강점기의 고뇌의 갈등을 주제로 삼고 있는 시를 알려 달라는 요청에 구글의 인공지능 '제미나이'는 다음과 같은 답변을 내어놓았습니다.

👤 「서시」

↳ ⚙ "하늘을 우러러 한 점 부끄럼 없이"라는 표현은 순수한 자아를 드러내지만, "잎새에 이는 바람"이라는 표현은 내면적인 고뇌를 나타냅니다.

⚙ "저 푸른 하늘 아래 나 홀로 서서 노래한다 사랑과 희망의 노래

를"이라는 표현은 어두운 시대 속에서도 희망을 잃지 않고 노래하는 모습을 보여 줍니다.

「서시」를 예로 든 전반부의 답변은 적절하지만 후반부의 내용에서는 오류가 발생했음을 확인할 수 있습니다. "저 푸른 하늘 아래 나 홀로 서서 노래한다 사랑과 희망의 노래를"이라는 시구는 「서시」에는 없는, 출처가 불분명한 구절입니다. 이런 오류를 걸러 내기 위해서는 인공지능이 내놓은 답변의 정확성을 비판적으로 검증하는 상호 토론과 토의 과정을 거치거나 다른 자료와 비교해 보는 등의 후속 활동이 이어져야 합니다. 요컨대 학생들로 하여금 AI를 단순히 이용하는 데 그치지 않고 'AI 리터러시'를 함양하고 비판적 사고력을 키우도록 해야 합니다.

또한 인공지능의 오류에 대처하기 위해서는 인공지능 프롬프트 창에 던지는 질문의 내용을 다양하게 변환해 가며 인공지능이 산출해 내는 답을 검증할 필요가 있습니다. 즉 오류 없이 신뢰도 높은 답변이 나오도록 하는, 적절한 질문을 찾아 가는 과정도 인공지능 기반의 국어 수업에서 중요한 성취 요소가 됩니다.

그렇다면 인공지능을 대상으로 질문을 '잘'하려면 어떻게 해야 할까요? 우선 학습자가 자신이 알고 있는 것과 모르고 있는 것을 정확히 파악할 줄 알아야 합니다. 그리고 모르고 있는 것을 구체적으로 적절하게 질문할 줄 알아야 합니다. 문제 해결이 잘 되지 않을 때에는 질문의 내용과 형식을 다양하게 바꿔서 시도해 보아야 할 것입니다. 질문에 변화를 준다는 것은 사고방식의 변화를 의미합니다. 질문하는 사람의 사고방식이 바뀌면, 인공지능의 답변 또한 새로워질 가능성이 높아집니다. 인류 역사상 모든 위대한 발견과 발명도 문제 해결을 위해 관점을 달리하는 데서 시작했습니다. 이렇게 쓴다면 생성형 AI는 학생들이 스스로 호기심을 가지고 새로운 질문을 던지면서 이를 연습하는 즐거운 놀이 친구가 될 수 있습니다. 이제 선생님의 역할은 학생들이 이러한 습관을 들일 수 있도록 옆에서 돕는 일이 될 것입니다.

AI와 함께하는 글쓰기

앞서 말했듯이 사실적인 정보를 찾고 요약하는 데는 인공지능이 종종 오류를 보입니다. 하지만 창의적인 허구를 생성하라는 요구를 하면 어떨까요? 아직 위대한 작가 수준에는 미치지 못하지만, 생성형 AI는 꽤나 뛰어난 글쓰기 기능을 제공합니다. 기사나 수필, 논설문뿐만 아니라 짧은 소설이나 상당한 수준의 시를 써내기도 합니다. 이렇듯 생성형 AI는 유용한 '글쓰기 스승'이 될 수 있습니다.

국어 교육의 다섯 가지 영역, 즉 듣기·말하기, 읽기, 쓰기, 문학, 문법 중에서 현장의 국어 교사가 가장 어려워하는 영역은 단연 '쓰기'일 때가 많습니다. 물론 학생들이 제일 싫어하는 영역이기도 합니다. '쓰기' 영역에서 교사의 일반적인 강의로 전달할 수 있는 가르침은 그리 많지 않습니다. '쓰기'는 달달 외워서 익힐 수 있는 명제적인 지식보다 암묵적인 노하우를 요하는 학습 영역이기 때문입니다. 선생님이 학습 방향을 보여 주고 결과물에 피드백을 줄 수는 있겠지만, 결국 노하우는 스스로 터득하는 수밖에 없습니다. 글쓰기 수업에서 가장 중요한 것은 학습자의 능동적인 참여입니다. 학습자가 실제로 글을 쓰려 하지 않으면, 교사의 어떤 강의도 무용지물이지요. 글쓰기를 싫어하는 학습자가 글을 써 보도록 어떻게든 끌어들이는 일이 글쓰기 수업에서 교사의 에너지가 가장 많이 소모되는 부분이기도 합니다.

이때 생성형 AI는 광범위한 도움을 줄 수 있습니다. 예를 들어 보겠습니다. 짧은 소설 한 편을 창작해 보게끔 할 때, 학생들이 가장 어려워하는 점이 무엇일까요? 학생들은 소설을 써 보라는 요구에 지레 겁을 먹고, "뭘 어떻게 써야 할지 모르겠어요!"라며 볼 멘소리를 하기 일쑤입니다. 소설의 기본 장치, 즉 인물, 사건, 배경에 대한 기초적인 설정에서부터 막막하기 때문입니다. 처음부터 끝까지 뭔가를 만들어 내는 과정은 학생들에게 너무나 아득하게 느껴집니다. 시작이 반이라는데, 시작에서부터 막히고 맙니다. 그렇기에 글쓰기를 어려워하며, 하기 싫어하는 것입니다.

하지만 생성형 AI를 활용할 줄 안다면 비교적 쉽게 실마리를 얻을 수 있습니다. 인공지능은 아이디어에 불을 지피는 도화선 역할뿐 아니라, 글쓰기의 방향을 이끌어 주는 나침반 역할도 어렵지 않게 해냅니다.

봄에 일어날 수 있는 에피소드를 글감으로 하여 소설을 써야 한다고 합시다. 어떤 줄거리가 좋을지 인공지능에게 질문을 던져보니, 다음과 같이 무려 다섯 개의 아이디어를 친절하게 제시하여 줍니다.

👤 봄에 일어날 수 있는 에피소드를 소재로 한 소설을 쓰려고 해. 어떤 줄거리를 가지고 소설을 쓸까?

⚙ 1. 봄바람에 실려 온 사랑

- 주인공: 따뜻한 봄바람을 좋아하는 섬세하고 감성적인 주인공

- 설렘의 시작: 봄바람에 실려 온 꽃향기와 함께 낯선 향수 냄새를 맡으며 시작된 설렘
- 운명적인 만남: 향수를 따라 공원에 방문하여 우연히 만난 매력적인 인물
- 봄의 배경: 꽃이 만발한 공원, 싱그러운 풀잎, 따스한 햇살 등 봄의 아름다움을 배경으로 펼쳐지는 사랑 이야기
- 갈등과 해결: 서로 다른 가치관이나 배경으로 인한 갈등, 봄의 따뜻한 분위기 속에서 서로를 이해하고 사랑을 키워 나가는 과정
- 행복한 결말: 봄꽃 축제에서 펼쳐지는 낭만적인 고백과 행복한 결말

⚙ 2. 봄바람에 핀 새로운 꿈

- 주인공: 꿈을 향해 고군분투하는 열정적인 주인공
- 좌절과 고뇌: 꿈을 이루기 위한 과정에서 겪는 좌절과 고뇌
- 봄바람의 위로: 따뜻한 봄바람과 싱그러운 자연 속에서 위안을 얻고 새로운 용기를 얻음
- 새로운 시작: 봄의 에너지를 받아 꿈을 향해 다시 나아가는 주인공
- 성공과 성장: 끈기와 노력으로 꿈을 이루고 성장하는 모습
- 희망찬 미래: 봄의 밝고 희망찬 분위기 속에서 주인공의 밝은 미래

를 암시

⚙ 3. 봄바람이 깨운 가족의 사랑

• 주인공: 바쁜 일상에 가족과의 관계가 소원해진 주인공

• 봄 여행: 봄을 맞이하여 가족과 함께 떠나는 여행

• 자연 속에서의 치유: 아름다운 자연 속에서 가족과 함께 시간을 보내며 서로를 이해하고 화해

• 소중한 추억: 봄 여행을 통해 만들어 가는 소중한 추억

• 사랑의 확인: 가족의 소중함을 다시 한번 느끼고 사랑을 확인

• 더욱 깊어진 가족 관계: 봄의 따뜻한 분위기 속에서 더욱 돈독해지는 가족 관계

⚙ 4. 봄바람이 이끈 특별한 우정

• 주인공: 외로운 마음을 가진 주인공

• 봄날의 만남: 봄날 공원에서 우연히 만난 또래 친구

• 공통점을 통한 유대감: 비슷한 관심사와 가치관을 통해 쌓아 가는 유대감

• 특별한 우정: 함께 봄을 즐기며 서로에게 힘이 되어 주는 특별한 우정

• 성장과 변화: 친구와 함께 성장하고 변화하는 주인공

- 따뜻한 우정의 이야기: 봄의 따뜻함처럼 마음을 따뜻하게 만드는 우정 이야기

🌑 5. 봄바람이 일으킨 기적

- 주인공: 어려운 상황에 처한 주인공

- 희망의 봄: 봄의 시작과 함께 찾아오는 희망적인 기회

- 기적적인 변화: 봄의 에너지를 받아 극복해 내는 어려움

- 새로운 삶: 봄의 따뜻한 햇살 아래 새로운 삶을 시작

- 감동적인 이야기: 봄의 희망과 기적을 담은 감동적인 이야기

이 중에서 마음에 드는 것을 골라서 바로 창작 활동을 시작해도 되지만, 인공지능이 제시해 준 아이디어를 훑어보는 것만으로도 글쓰기에 있어 훌륭한 자극이 됩니다. AI의 답변이 일종의 출발점을 제시해 주는 셈입니다. 학생 스스로 소설을 쓰기 전에 어느 정도의 윤곽을 잡아 놓으면 될지 가늠해 볼 수도 있고, 인공지능이 제시한 아이디어를 단서로 삼아 자신만의 아이디어를 재구성할 수도 있습니다.

게다가 본인이 쓴 글을 생성형 AI에 보여 주면, 세심하고 구체적인 피드백을 제공해 주기도 합니다. 글을 쓰다가 막히는 부분이

생기면 AI에게 생각을 물어봐도 좋습니다. 글감을 구상할 때에도 위의 질문보다 더욱 자세한 조건을 주며 질문과 평가를 요구할 수도 있을 것입니다. 꼭 구상 단계가 아니더라도 글쓰기의 모든 과정에서 AI를 효과적인 '글쓰기 도우미'로 활용할 수 있다는 얘기입니다.

인공지능이 등장하자, 일선의 국어 교사들은 이제 글쓰기 수업이나 글쓰기 과제가 무용지물이 될 것으로 속단하는 경향이 생겼습니다. 아이들이 인공지능에게 글을 대신 써 달라고 할 테니까요. 알고리듬을 바탕으로 하는 대학교의 코딩 수업에서는 실제로 생성형 AI를 활용하지 않는 학생이 없다고도 합니다. 글쓰기 과제에서도 마찬가지이고요. 그런데 아직 대학 현장에서도 생성형 AI의 '똑똑한 활용'과 관련된 마땅한 규정이나 대안을 마련하지 못한 실정이라고 합니다.

시대의 흐름을 거스를 수 없다면, 영리하게 활용하는 법을 찾아야 합니다. 적어도 글쓰기 수업에서는 오히려 인공지능을 활용하여 더 효과적인 교육을 이끌어 낼 수 있습니다. 인공지능의 도움 없이 글을 써 보라고 강제하기보다는, 역발상으로 아예 인공지능을 활용하도록 권장하면 어떨까요? 인공지능이 도와준 부분과 스스로 해낸 부분을 아이들이 직접 점검하고 확인할 수 있게 하는 것은 어떨까요? 마치 우리가 글을 쓸 때 인용한 자료의 출처를 밝히듯이 인공지능의 도움을 받은 부분을 각주나 미주 등으로 밝히도록 하면 글쓰기 윤리의 측면에서도 크게 문제 될 것이 없어 보입니다.

아이로 갓 태어났을 때부터 뛰어다닐 수는 없습니다. 아이가 걸음마를 시작하면, 혼자 힘으로 똑바로 서서 걸을 수 있도록 돕기 위해 보행기를 태웁니다. 그러다 어느새 걷기에 필요한 근육이 생기면 아이는 보행기 없이도 걷고 뛸 수 있게 됩니다. 생성형 AI와 글쓰기 교육의 관계도 이와 마찬가지입니다. 학생들은 얼마 지나지 않아 스스로 보행기를 박차고 나올 것입니다. 학교를 졸업한 뒤에도 좋은 글을 써 낼 수 있을 것이고요. 물론 그때도 AI의 도움을 받을 순 있겠지만, 좋은 글을 가려내고 AI 기술을 활용하는 노하우는 이미 체득되어 있을 것입니다. 그것만으로도 4차 산업혁명에 들어선 학교에서 글쓰기 교육의 목표로 삼기에 부족함이 없습니다.

국어와 이질적인 영역의 만남, '융합'과 소통의 즐거움

전통적인 '국어 시간'과 최첨단 기술인 '인공지능'은 얼핏 전혀 상관없는 분야처럼 보입니다. 하지만 곰곰이 궁리하고 또 인공지능을 직접 조작해 보니 양자가 마주치고 융합되는 지점이 보이기 시작했습니다. 이 책은 바로 이런 희망에서 출발했습니다.

문과를 나왔다는 사실만으로도 죄송하다는 서글픈 유행어('문송합니다')가 통용되는 시대입니다. 국어 과목은 기술의 발전을 따라가지 못하는, 실생활과 무관한 고루한 과목처럼 여겨지기도 합니다. 학생들은 고전 시가를 보곤 "이런 걸 왜 배워야 하느냐"며 투정을 부리기도 하고, 어려운 문법 규칙이나 낯선 단어를 외워야 할 때는 "이런 거 몰라도 사는 데 지장 없다"고 퉁명스럽게 반응하기도 합니다.

그렇다면 우리는 왜 여전히 '국어(언어)'를 공부해야 할까요? 표준어를 익히고, 문법 규정을 외우고, 표현력을 풍부하게 하기 위해서일까요? 모두 맞는 얘기이지만, 부분적으로만 그렇습니다. 이러한 목표들이 궁극적으로 겨냥하는 바는 바로 '소통'입니다. 듣고, 말하고, 읽고, 쓰는 일련의 과정은 다름 아닌 '소통' 역량을 키위 줍니다. 국어 과목이 모든 공부의, 나아가 생활의 기초인 이유입니다.

소통은 서로 다른 것을 잇고 연결하는 과정입니다. 동떨어져 보이는 AI와 국어 시간이 연결되듯이요. 인공지능뿐만 아닙니다. 국어는 온갖 것들과 결합될 수 있습니다. 교육 과정상의 편의적인 구분을 넘어서면 많은 것들이 달리 보입니다. 국어 시간과는 확연히 별개로, 심지어는 배타적으로 존재할 것만 같은 다른 영역이 국어 시간과 융합되는 지점이 분명히 있다는 얘기입니다. 그리고 AI는 이 과정에서 가장 즐거운 소통 상대이자, 가장 생산적인 도구가 될 수 있습니다. 이 지점에는 묘한 긴장감이 생기고, 이 긴장은 우리에게 종전의 국어 시간에 느낄 수 없었던 색다른 즐거움을 선사합니다. 달리 말하면 세상을 바라보는 색다른 관점을 제공해 준다는 것입니다.

이 책은 국어 시간과 타 교과가 긴장감을 가지고 서로 '융합'되는 사례들로 구성되어 있습니다. 그리고 매 교시가 끝날 때마다 일상의 인공지능을 자기 주도적으로 활용하여 융합적 사고를 연습할 수 있게끔 글 맨 뒤에 실습 과제를 함께 제시해 보았습니다.

이 책이 품은 다섯 교시의 내용들이, 인공지능 시대의 새로운 국어 시간의 모습에 대해 궁금해하는 독자들에게 자그마한 힌트라도 되어 준다면 정말 좋겠습니다. 아직도 국어 과목이 다른 분야들과 어떻게 융합되는지, 또 생성형 AI를 이 과정에서 어떻게 활용할 수 있을지 막막한 독자들은 다음 페이지를 펼쳐 보시기를 바랍니다. 4차 산업혁명 시대를 맞이하여, 우리의 국어 시간이 보다 즐거운 교과 시간으로 진화해 나가기를 바라는 마음으로 이 글을 씁니다. 독자들이여! 부디 이 글을 씨앗 삼아 새로운 융합 수업의 아이디어를 왕성하게 생성해 내기를 기원합니다.

2025년 1월
국어 교사 공규택

1교시

과학을
알고 나니
다르게 보이는
국어 시간

국어 × 과학

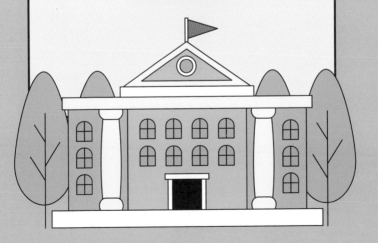

과학으로 빚어낸 뜻밖의 노래, SF소설 너머 'SF시'의 세계로!

#케이팝 #물리학 #SF시

이 장에서 다룰 작품 목록

현대시	김인육, 「사랑의 물리학」 신미균, 「공(球)」
케이팝	러블리즈, 〈Destiny(나의 지구)〉 윤하, 〈사건의 지평선〉

천 년이 넘도록 늙지 않고 죽지도 못한 채 무미건조하게 살아가는 도깨비. 그에게 사랑이 찾아왔습니다. 몇 해 전에 방영되었던 tvN 드라마 〈도깨비〉 이야기입니다. 오래도록 사랑 한 번 못해 본 도깨비는 멀리서 뛰어오는 '계집애'를 바라보며 거부할 수 없는 사랑에 빠졌음을 깨닫습니다. 어느 날 갑자기 찾아온 사랑의 순간을 시로 표현한다면 어떤 달콤한 시어들이 나열될까요? 마침 그의 손에는 시집이 들려 있습니다.

"제비꽃같이 조그마한 그 계집애가 (…) 지구보다 더 큰 질량으로 나를 끌어당긴다 / 순간, 나는 / 뉴턴의 사과처럼 / 사정없이 그녀에게로 굴러 떨어졌다 (…) 심장이 / 하늘에서 땅까지 / 아찔한 진자 운동을 계속하였다"(김인육, 「사랑의 물리학」에서)

물리학, 질량, 뉴턴, 진자 운동… 수업 시간에나 들을 수 있을 법한 과학 용어들이 사랑의 감정에 스며들어 애틋한 '시어'로 새로 태어나고 있습니다. 상대에게 자꾸만 마음이 끌리는 시적 화자의 상태를 어디에서나 작용하는 뉴턴의 '만유인력'에 빗댐으로써 사랑의 커다란 존재감을 이야기하고, 설레고 두근거리는 마음을 '하늘'에서부터 '땅'까지 흔들리는 '진자 운동'이라고 표현함으로써 화자의 마음속에 얼마나 큰 파동이 일렁이고 있는지 가늠하게 합니다. 그야말로 '심쿵' 하는 순간이 아니던가요.

케이팝에도 빠질 수 없는 과학 용어들

자연을 탐구할 때 쓰이는 과학 용어가 인간의 마음을 노래하는 시에 활용될 수 있을까요? 앞에서 〈도깨비〉에 삽입된 한 편의 시를 통해 물음에 대한 답변을 찾을 수 있었습니다. 실험실이나 논문에서 쓰일 것 같은 과학 용어나 개념이 우리 마음을 적절하게 표현하는 사례는 이 밖에도 많이 있습니다. 굳이 멀리서 찾을 것도 없이, 여러분이 자주 듣는 케이팝에서도 과학적 원리를 종종 빌려 쓰니까요.

먼저 걸그룹 '러블리즈'가 2016년에 발표한 〈Destiny(나의 지구)〉를 들어 볼까요? 이 노래의 화자인 '나'는 '지구'를 중심으로 맴도는 '달'입니다. '나의 지구'는 화자가 운명적으로 사랑하게 된 '그대'입니다. 그렇다면 '지구'에 대한 '달'의 사랑은 과연 이뤄질 수 있을까요?

눈치 빠른 친구들은 벌써 고개를 젓고 있을지도 모르겠네요. 알다시피 지구는 '태양'의 주위를 하염없이 공전하고 있습니다. 이 노래 속 '그녀'가 바로 태양인 것이지요. "한 발짝 다가서지 못하는" 상황은 바로 정해진 궤도를 벗어나지 않는 위성의 속성을 반영한 노랫말입니다. 요컨대 이 노래는 태양계의 공전 시스템에 빗대어, 내가 짝사랑하는 남자가 또 다른 여자를 짝사랑하고 있는, 비운의 삼각관계를 노래하고 있는 것입니다.

너는 내 Destiny 고개를 돌릴 수가 없어 난 너만 보잖아

너는 내 Destiny 떠날 수 없어 난

넌 나의 지구야 내 하루의 중심

왜 자꾸 그녀만 맴도나요? 달처럼 그대를 도는 내가 있는데

한 발짝 다가서지 못하는 이런 맘 그대도 똑같잖아요

오늘도 그녀 꿈을 꾸나요? 그대를 비춰 주는 내가 있는데

그렇게 그대의 하룬 또 끝나죠. 내겐 하루가 꼭 한 달 같은데

(…)

기울어진 그대의 마음엔 계절이 몰러온 온도 차가 심한데

늘 그댈 향한 나의 마음엔 작은 바람 한 점 분 적 없어요

눈부신 그대의 하루에는 내가 들어갈 자리는 없나요

그렇게 내 맘은 차고 또 기울죠. 내겐 한 달이 꼭 하루 같은데

(…)

한 번 난 그녀를 막고 서서 빛의 반짐 네게 주고 싶은데

단 한 번 단 한 번 그녀의 앞에 서서 너의 낮을 날고 싶은데

너는 내 Destiny 날 끄는 Gravity 고개를 돌릴 수가 없어

난 너만 보잖아

너는 내 Destiny 떠날 수 없어 난

넌 나의 지구야 내 하루의 중심

　　　 - 노래 러블리즈 / 가사 전간디, 〈Destiny(나의 지구)〉에서

　이 노랫말 속에는 천문학의 다양한 기초 지식이 자연스럽게 녹아들어 있어서, 천문학의 눈으로 보면 화자의 심정이 더 애달프게 느껴집니다. "기울어진 그대"로 인해 계절이 바뀌는 온도 차를 화자가 느낀다는 가사는 지구의 자전축이 23.5도로 기울어져 돌고 있다는 과학적 사실에 기초한 것입니다. 계절이 바뀌는 것 또한 바로 이러한 자전축의 기울어짐 때문이지요. 또 "차고 또 기울"고 있는 화자의 마음은 한 달을 주기로 보름달이 되었다가, 이내 다시 그믐달로 변해 가는 달의 속성을 근거로 합니다. 그렇다면 "고개를 돌릴 수가 없어"라는 읊조림은 어떤 과학적 사실을 나타내는 걸까요? 지구에서 바라보는 달의 방향이 늘 일정하다는 것을

혹시 알고 있었나요? 우리는 늘 달의 한쪽 편만을 볼 수밖에 없습니다. 이 가사는 바로 이 점에 착안하여, 지구를 바라보는 달처럼 고개를 한 번도 돌리지 않는 애달픈 짝사랑을 노래하고 있는 것이지요.

아직 끝이 아닙니다. "그녀(태양)를 막고 서"겠다는 말은, '나(달)'가 '그대(지구)'와 '그녀(태양)' 사이에 위치하겠다는 것입니다. 바로 개기일식을 말하는 거지요. 개기일식이 발생하면 달이 태양을 완전히 가렸을 때 검은 달의 가장자리에 반지 모양의 빛이 나타나는 '빛의 반지'가 관측됩니다. 화자는 이 반지를 그에게 주고 싶다고 노래하고 있습니다. 그러니까 그와 그녀의 사이를 화자가 직접 가로막고 싶다는 표현인 셈입니다.

'나'는 왜 그의 곁을 그토록 떠나지 못할까요? 이 노래의 제목처럼 'Destiny(운명)'라고 할 수밖에 없겠네요. 마치 지구와 달 사이에 존재하는 중력(Gravity)의 평형 상태로 인해 달이 궤도를 이탈하지 않은 채 공전하듯, 화자는 그의 곁을 영원히 맴돌 수밖에 없는 것입니다. 어찌나 간절한지 화자는 그가 "내 하루의 중심"이고, "운명"이고, "중력"이라고 노래합니다. 이룰 수 없는 짝사랑에 매달릴 수밖에 없는 화자가 처한 '운명'을, 다양한 과학적 개념들에 빗대어 표현했다는 점이 참신하게 느껴집니다.

지나간 사랑은 '사건의 지평선' 너머로

아마 과학 용어를 활용한 케이팝 이야기를 꺼냈을 때부터 이 노래를 기다린 친구들도 있을 것 같습니다. 바로 가수 윤하의 〈사건의 지평선〉(2022)입니다. 많은 사람들에게 사랑받으며 문학적인 가사로 호평받은 이 노래는 실제로 고등학교 국어 교과서에도 실리게 되었습니다.

솔직히 두렵기도 하지만

노력은 우리에게 정답이 아니라서

마지막 선물은 산뜻한 안녕

저기, 사라진 별의 자리

아스라이 하얀 빛

한동안은 꺼내 볼 수 있을 거야

아낌없이 반짝인 시간은

조금씩 옅어져 가더라도

너와 내 맘에 살아 숨 쉴 테니

여긴, 서로의 끝이 아닌

새로운 길모퉁이

익숙함에 진심을 속이지 말자

하나둘 추억이 떠오르면

많이 많이 그리워할 거야

고마웠어요 그래도 이제는

사건의 지평선 너머로

        – 노래 윤하 / 가사 윤하, 〈사건의 지평선〉에서

여러분은 '사건의 지평선'이 무엇인지 들어 보았나요? 언뜻 문학적인 용어 같지만, 사실은 물리학 용어입니다. '이벤트 호라이즌 (event horizon)'이라는 물리학 용어를 직역한 말입니다. 간단하게 이야기하면, 그 너머에서 무슨 일이 일어나고 있는지 누구도 알 수 없는 경계면을 뜻합니다. 여전히 어려운가요?

아마 '블랙홀'에 대해서는 누구나 어렴풋이나마 알고 있을 것입니다. 블랙홀은 중력이 너무 강해서 그 어떤 것도 빠져나갈 수 없는, 심지어 질량이 없는 빛마저도 빨아들이는 암흑 공간입니다. 빛조차 빠져나올 수 없다는 말은, 블랙홀을 아무리 들여다보아도 그 너머에서 무슨 일이 벌어지는지 절대로 알 수 없다는 이야기입니다.

그런데 이 블랙홀은 언제 생길까요? 바로 거대한 별이 연료가

고갈되어 스스로 붕괴할 때인데요, 이 블랙홀을 둘러싼 경계선을 바로 '사건의 지평선'이라고 합니다. 사건의 지평선을 넘어가면 무슨 일이 있어도 벗어날 수 없는, 혹은 돌이킬 수 없는 상황이 되는 것입니다.

이제 노래 가사를 다시 한번 살펴봅시다. "저기 사라진 별의 자리"는 다름 아닌 '블랙홀'의 자리이고 "아스라이 하얀 빛"은 서서히 블랙홀로 빨려 들어가고 있는 빛의 모습을 형상화한 가사라고 볼 수 있을 것입니다. 아스라이 멀어지는 이 '빛'은 무엇을 뜻할까요? 사랑하는 연인끼리 쌓았던 그동안의 추억들을 의미하는 것 같습니다. 연인과 헤어진 이후에 조금씩 희미해져 가는 추억을 붙잡고 있었을 화자는, 그동안의 익숙한 그리움을 버리고 새 삶을 시작하려고 합니다. 그래서 상대방에게 고맙다는 인사로 그동안의 추억을 마무리하고, '사건의 지평선' 너머로 건너가려 하는 것이지요. 일단 '사건의 지평선'을 넘으면 화자는 두 번 다시 돌아올 수 없습니다. 화자는 이를 알면서도 선을 넘어가려 합니다. 그러니까 이 노래는 이제부터 아무리 아프고 그립더라도 지나 버린 사랑을 완전히 잊어 보겠다는 화자의 당찬 선언인 것입니다.

끝으로 '사건의 지평선'이라는 용어에 함축된 또 다른 절묘한 의미를 짚지 않을 수 없습니다. 현대 과학은 블랙홀에 일단 발을

들이면 아무것도 돌아오지 못한다는 사실까지는 밝혀냈지만, 블랙홀 내부에서 어떤 일이 일어날지는 전혀 알아내지 못했습니다. 말하자면 화자는 앞으로 어떤 일이 벌어질지 전혀 모르면서도, 기꺼이 용기를 내어 미지의 영역에 발을 들여놓는 셈이지요.

과연 과학으로 시를 쓸 수 있을까?

딱딱하게만 느껴지는 과학이 '감성 돋는' 케이팝 노래와 얼마나 잘 어울릴 수 있는지 충분히 살펴보았으니, 이제 다시 시로 돌아가 볼까요? 처음에 보았던 「사랑의 물리학」에 이어 이번에도 뉴턴의 '만유인력의 법칙'을 멋진 시어로 되살려 낸 작품입니다. 하지만 이번에는 사랑에 관한 시는 아닙니다. 똑같은 과학 법칙이라도 시인의 색다른 시선에 따라 여러 가지 방식으로 시어가 될 수 있는 것이지요.

과학이 시를 관통하여 지나가는 순간, 우리는 그 시에 담긴 사람의 마음을 읽어 냄과 동시에 놀라운 깨달음까지 얻게 됩니다. 마치 아르키메데스가 욕조 밖으로 뛰쳐나오며 "유레카!"라고 외쳤듯 말이죠. 다음 시를 통해 그 놀라운 순간을 찾아볼까요?

만유인력의 법칙에 의하면

손을 떠난 물체는 땅으로 떨어지게 되어 있다.

공도 그중의 예외는 아니다

그러나 공은 잠시 동안이지만

인력을 거부할 줄 안다

돌이나 책처럼

처음부터 항복하지 않고

스스로 튀어 오름으로

우리에게 신선한 즐거움을 준다

한번 떨어진 물체는

대부분 그 자신이 부서지거나

금이 가서 상처를 입게 되지만

공은 내색하지 않는다

밑으로 떨어져 본 적이 있는 사람은 안다

그대로 주저앉아야 하는 심정을

속을 비우고 공처럼 가볍게 뛰어올라

다시 시작하는 것이 얼마나 어려운 것인가를

지금 어떤 물체 하나

땅으로 떨어지고 있다

- 신미균, 「공(球)」

이 세상에 중력의 영향을 받지 않는 사물은 없습니다. 심지어 허공에 둥둥 떠다니는 것 같은 공기마저도 실제로는 중력의 영향권 안에 있으니까요. 하물며 공기보다 훨씬 질량이 큰 사람은 말할 것도 없겠지요? 그런데 질량을 지닌 물체인 '몸'뿐만 아니라, 인간에게 닥치는 '운명'이나 삶의 과정 속에서 어쩔 수 없이 마주치게 되는 '시련'도 인간에게는 만유인력처럼 거부할 수 없는 것입니다.

빛은 질량이 없기 때문에 중력의 영향을 받지 않습니다. 시인은 질량이 0인 빛처럼 사람의 마음도 "속을 비우고" 공처럼 가볍게 튀어 오를 때에야 비로소 힘겨운 운명을 극복할 수 있다는 점을 넌지시 전해 주고 있습니다. 지금 "땅으로 떨어지고 있"는 모든 사람들에게 말입니다. 전혀 뻔하지 않은 방식으로, 마치 옛 성현들의 가르침과 같은 깨달음을 던져 주는 것입니다.

공이 튀어 오르는 것을 보고 "인력을 거부"한다는 비유를 떠올린 시인의 발상도 놀랍고, 피할 수 없는 시련과 고난을 어디에나 존재하는 만유인력에 빗댄 표현도 정말 놀랍습니다. 실제로 예기치 못한 어려움에 직면했을 때를 떠올려 보세요. 저를 포함한 여러분도 만유인력에 쉬이 굴복하고 마는 '돌'이나 '책'일 때가 많지 않았나요? 만유인력에 저항하는 '공'이 되고 싶어 하는 화자를 응원함과 동시에, 매일 떨어지고 있는 나 자신도 공이 되어 튀어 오르고 싶은 욕구를 느끼게 하는 멋진 시입니다.

과학과 문학은 서로 돕는 공생 관계

'낯설게하기'라는 문학적 기법이 있습니다. 낯설게하기란 쉽게 말해서 일상적이지 않은 방법으로 내용을 전달하는 것입니다. 아주 쉬운 예를 하나 들어 볼까요? 도종환 시인의 「어떤 마을」이라는 시에 "밥티처럼 따스한 별들이 뜬 마을"이라는 표현이 있습니다. 일반적으로 '별'이라는 단어는 '아름다움, 반짝반짝, 밤하늘, 보석, 밝다, 빛나다, 작다' 등의 표현들과 흔히 어울려 쓰입니다. 그런데 이 시에서는 일상에서 '별'과 좀처럼 어울려 쓰이지 않는 '밥티(=밥알)'라는 낯선 시어를 병치하여 독자들에게 묘한 긴장감을 유발합니다. 독자는 '밥티'와 '별'의 연관성이나 유사성에 대해 본

능적으로 숙고하게 되는 것이죠. 그래서 이 마을에 뜬 '별'이 통상적으로 연상되는 낯익은 의미를 넘어 훨씬 더 풍부한 문학적 의미를 가지게 됩니다. 독자들은 낯설게 표현된 이 시구에 더 몰입하게 되고 문학적 상상력을 더 자극받으면서 문학적 희열을 느끼게 됩니다.

과학적 전문용어를 시 속에서 활용하는 것은 이러한 '낯설게하기'의 한 방법이라고 할 수 있습니다. 문학과는 동떨어진 것처럼 여겨지는 과학 용어야말로 시에 있어 가장 낯선 환경을 만드는 것입니다. 과학 용어들의 개념과 원리가 시에 딱 맞아떨어지기 시작하는 순간, 절묘한 호기심을 불러일으키는 '낯설게하기'가 되는 것입니다. 문학작품에서 여러 가지 비유라든가, 상징·역설·반어 등을 사용하여 일상적인 말보다 낯설게 표현하게 되는 것도 같은 맥락입니다. 이렇게 보면 과학 용어야말로 시를 '낯설게' 만드는 일종의 '치트키'인 것 같습니다.

과학과 문학의 거리는 사실 생각보다 더 가까울 수도 있습니다. 과학도 문학만큼이나 상상력을 요구하고, 문학도 과학만큼이나 세계의 정확한 일면을 드러냅니다. 과학 역시 우리가 사는 세상의 모습을 직관하는 데에서 시작하고, 문학 역시 사람들의 생각과 느낌을 정확하게 표현하는 방법을 고민합니다. 과학과 문학은 이처럼 서로 영감을 주고받습니다.

일례로 19세기 프랑스의 작가 쥘 베른의 소설 「지구에서 달까지」(1865)는 인류에게 달나라 여행에 관한 많은 영감을 주었습니다. 이 소설은 100여 년 뒤에 달 착륙을 성공시킨 아폴로 11호의 프로젝트와 상당한 유사성을 띠어 다시 주목받기도 했습니다. 그런가 하면 SF소설의 시조로 불리는 메리 셸리의 『프랑켄슈타인』(1818)은 과학기술을 통해 생명체를 되살려 낸다는 선구적인 아이디어로 오늘날까지도 여전히 유효한 생명 윤리에 관한 질문을 던지고 있습니다.

과학자들도 실은 소설가들만큼이나 상상하는 것을 좋아한다는 증거로는 '사고실험'을 들 수 있을 것입니다. 머릿속에서 생각만으로 진행하는 실험 말이지요. 예컨대 갈릴레오 갈릴레이는 현실에서만이 아닌 가상의 상황을 가정하여 실험을 고안하기도 했습니다. 공기 저항이 없는 상태를 가정한 '자유낙하' 사고실험이 대표적인 예입니다.

과학자들이 문학에서나 쓸 것 같은 비유적 대상을 찾아 활용하는 경우도 있습니다. '슈뢰딩거의 고양이'라는 유명한 실험은 한 번쯤 들어 봤을 것입니다. 이 실험은 상식적으로 납득하기 어려운 양자역학의 원리를 상상하기 위해 오스트리아의 물리학자 에르

빈 슈뢰딩거에 의해 고안되었습니다. 이 사고실험에 따르면, 상자 안에 있는 고양이는 누군가 직접 관찰하기 전까지는 '살아 있으면 서도 죽어 있는 상태'라는 것입니다. 비유를 들어도 쉽사리 이해하기 어려운 이야기지만, 상상에 기초한 비유 덕분에 그나마 무슨 내용인지 짐작이라도 해 볼 수 있습니다.

이처럼 때로는 과학이 문학보다 더 참신한 상상력을 발휘할 때도 있습니다. 중요한 것은 과학과 문학이 서로 상반되는 것이 아니라, 보완하고 영향을 주고받는 관계라는 점입니다. 과학을 통해 문학적 상상을 꽃피울 수도 있고, 문학을 통해 과학적 이론에 접근할 수도 있습니다.

AI에게 물어봐!

AI에게 수학 용어나 과학 용어를 활용하여 본인이 원하는 주제의 시를 창작해 달라고 요청해 보자. 해당 개념이 어떻게 문학적인 비유로 활용된 것인지 구체적으로 질문하면서 다양한 '과학 시'를 생성해 보자.

생성된 결과가 마음에 들지 않는다면, 관심 있는 용어를 특정하여 다시 써 달라고 요청해 보자.

 과학적 개념이나 법칙, 용어들을 활용하여 짧은 시를 한 편 써 줄래? 게으르게 보낸 하루를 반성하는 내용을 반영해서 써 줘.

 느린 반응 속에서

오늘도 나는
화학 반응 속 반응속도처럼
느리게, 한없이 느리게 움직였어.
마치 활성화에너지를 넘지 못한 채
게으름에 잠식된 분자들처럼.
시간은 비가역적 과정처럼
돌아오지 않음을 알면서도,
나는 엔트로피가 커져 가는 방 안에서
흩어진 계획들을 바라보며 앉아 있었지.
빛의 속도로 흘러가는 세상 속에서
나는 마치 관성에 사로잡힌 물체처럼
<u>스스로를 변화시키지 못했어.</u>

더 이상 동력이 없던 하루.
이제는 나도
내 안의 에너지를 재분배해
다시 정상 상태로 돌아가야겠지.
내일은 더 빨리, 균형을 찾으며 살기를.

 대체 무슨 소리인지 모르겠어! 과학 용어를 남발하지 말고 핵심적인 개념과 비유만 한두 가지 활용해 줘. 이번엔 '도파민'과 '엔트로피'라는 용어를 넣어서 같은 주제로 시를 써 줘.

 게으름의 엔트로피
오늘도 침대 위에서
게으름이 엔트로피처럼 흩어졌어,
모든 게 천천히 무질서해지고
나는 그 속에 묶여 있었지.
작은 일들에 쏟아질 도파민은
미루기의 늪 속에서 증발해 버렸고,
내일의 나에게 모든 걸 맡긴 채
시간만 부서져 가는 걸 느꼈어.
다시 질서를 되찾을 용기가 필요해,
흐트러진 하루 속에서
다시 행동의 에너지를 모아
내일은 더 나아가야 하겠지.

2

노랫말 속에 담긴 하늘의 비밀,
천문학을 품은 옛 노래와 옛 그림

#천문학 #핼리혜성 #옛 노래

이 장에서 다룰 작품 목록

고전 시가	월명사, 「도솔가」
	이조년, 「다정가」
동양화	신윤복, 〈월하정인〉

우리가 발 딛고 사는 세상 너머, 하늘과 우주를 향한 인류의 지적 호기심은 이미 오래전부터 시작되었습니다. 우리 민족도 이미 오래전부터 하늘을 관측하여 얻어 낸 다양한 천문 현상을 기록으로 남겨 놓았지요. 하늘에서 벌어지는 현상을 관찰하고 해석하는 일은 정치적으로도 중요한 일이었습니다. 천문 현상을 예측하고 백성들에게 설명함으로써 왕의 권위는 하늘로부터 물려받은 것이라는 인식을 심어 줄 수 있었기 때문이지요. 게다가 농경 사회에서는 기후의 변화를 예측하는 일이 매우 중요하기 때문에, 백성의 삶을 관리하는 국가 차원에서도 천문 현상을 관측하는 일에 일찍이 관심을 갖지 않을 수 없었을 것입니다.

　우리나라만 하더라도 일식, 월식 등을 비롯한 천문 현상에 대한 공식 기록이 이미 기원전부터 존재했다고 합니다. 하늘의 비밀을 캐내려는 천문학의 기원은 인류의 역사만큼이나 까마득한 셈입니다. 오랫동안 인류의 관심사였던 하늘의 기록을 바탕으로 우리의 옛 노래와 옛 그림을 들여다보면, 그저 입으로 따라 읽거나 눈으로만 훑어보았던 옛날 작품들을 색다른 관점으로 흥미롭게 감상할 수 있을 겁니다.

　오늘날의 천문학은 먼 옛날 우리 조상들이 바라보았던 하늘에 관해 무엇을 알려 줄 수 있을까요?

신라의 노래 「도솔가」가 품은 해의 비밀은?

『삼국유사』에는 다음과 같은 이야기가 전해집니다. 신라 경덕왕 19년(760년)에 하늘에 두 개의 해가 뜨는 이상 현상이 열흘 이상 계속되었는데, 월명사라는 스님이 「도솔가(兜率歌)」라는 향가를 지어 불렀더니 이 현상이 사라졌다는 내용입니다.

경덕왕 19년 경자년(760년) 4월 초하루에 두 해가 나란히 나타나 열흘이 지나도 사라지지 않았다. 천문을 맡은 관리가 아뢰었다.

"인연 있는 승려를 청하여 산화공덕(散花功德)을 하면 재앙을 물리칠 수 있을 것입니다."

그리하여 조원전에다 깨끗이 단을 만들고 청양루에 행차하여 인연 있는 승려가 오기를 기다렸다. 이때 월명사가 밭 사이로 난 남쪽 길을 가고 있었는데, 왕이 사람을 보내 그를 불러 단을 열고 기도하는 글을 짓게 했다. (…) 왕이 말했다.

"이미 인연 있는 승려로 지목되었으니, 향가를 지어도 좋소."

          – 일연, 『삼국유사』 권5 「감통 제7 월명사도솔가」에서

'월명사'라는 이름이 어딘가 익숙하지 않나요? 월명사는 학생

들이 고전 시가를 공부하다 보면 꼭 마주치게 되는 「제망매가」의 작자이기도 합니다. 스님인 동시에 예술가였던 셈이지요. 월명사는 피리 또한 아주 잘 불었는데, 어찌나 연주 실력이 뛰어난지 달이 멈춰 설 정도였다고 합니다. 그러니 당대 사람들에게는 그가 두 개의 해가 뜨는 이상 현상을 해결해 줄 적임자로 여겨졌을 것입니다.

그렇다면 이때 월명사가 지어 불렀다는 「도솔가」는 과연 어떤 내용이었을까요? 노래 속 화자가 말하는 '산화가'는 꽃을 뿌리며 부르는 노래라는 뜻입니다. 꽃도 노래도 물론 부처님을 위한 것이지요. 이를 불교 용어로 '산화공덕'이라고 합니다. 천문학에 대한 이해가 부족하였던 당시에는 영문을 알 수 없는 천문 현상을 마주했을 때 부처의 공덕에 의지하는 것 말고는 딱히 뾰족한 방법이 없었을 것입니다.

오늘 여기에 산화가를 부를제

솟아나게 한 꽃아 너는

곧은 마음의 명을 받들어

미륵좌주 모셔라

- 월명사, 「도솔가」

불교에서 '꽃'은 부처가 깃들 수 있을 정도로 깨끗한 세상을 의미합니다. 따라서 월명사가 꽃을 뿌리는 행위에는, 여기 이곳에 부처가 임하기를 바라는 마음이 담긴 것입니다. 그럼 「도솔가」의 마지막 행에 쓰인 '미륵좌주'는 무슨 뜻일까요? 이는 '미륵'과 '좌주'가 합쳐진 말인데요, 미륵은 바로 미래에 올 부처입니다. 지옥 같은 현실 세계에 불현듯 내려와 고통에 빠져 있는 중생을 모두 구제할 것이라고 예언된 존재이지요. 좌주는 탁월한 정치적 리더를 의미합니다. 한마디로 '미륵좌주'라는 표현에는 부처가 강림하여 불길한 상황을 타개하고 자신들을 어서 구제하여 주기 바라는 의미가 담겨 있는 것입니다.

그런데 상식적으로 생각해 보면, 하늘에 해가 한꺼번에 두 개나 나타나는 것은 실현될 수 없는 일입니다. 그래서 일반적으로는 이렇게 해석합니다. '두 해가 함께 나타났다'는 것은 사실적인 기록이 아니며, 비유적인 표현이라고요. 왕과 같은 최고 권력자를 '해'에 빗대는 경우가 많으므로, 두 개의 해가 뜬 하늘은 기존의 왕권에 도전하는 새로운 세력이 나타나 서로 갈등하고 대립하면서 사회적 혼란이 가중된 당시의 상황을 상징하는 것이라고 말입니다. 최근에는 당시 당나라에서 일어난 '안록산의 난'이 「도솔가」의 창작 배경이라는 주장도 있습니다. 755년에서 763년에 걸쳐 당나라 절도사였던 안록산과 그의 부하, 자녀들이 일으킨 대규모 반란을 안록산의 난이라 하지요. 이때 안록산은 나라 이름을 연(燕)이라 하고 스스로를 황제라 일컬으며 남하하여 당 왕조를 크게 약화시켰습니다. 신라와 당나라가 동맹 관계였음을 감안하면 신라인들은 이때 분명 큰 충격을 받았을 것입니다. 그런데 하늘에 '두 개의 해'가 출현했다는 것을 정말 비유적인 의미로만 해석해야 하는 걸까요?

천문학은 우리에게 조금 다른 이야기를 들려줍니다. 앞서 우리 선조들이 오래전부터 다양한 천문 기록을 남겨 놓았다고 이야기했지요? 실제로 『삼국사기』, 『삼국유사』, 『고려사』, 『조선왕조실록』 등의 역사서를 뒤져 보면 수많은 천문 기록이 남아 있습니다. 그중에서도 혜성은 전체의 모습이나 꼬리의 개수에 따라 '요성', '혜성', '치우기', '장성', '패성' 등의 다양한 이름으로 불렸는데, 특히 『삼국사기』와 『삼국유사』에는 기원전 49년부터 기원후 908년까지 혜성에 대한 기록을 모두 51번이나 찾아볼 수 있습니다. 그중 신라의 기록만 38개나 되지요.

사람들에게 알려져 있는 혜성 중 가장 유명한 것은 핼리혜성입니다. 핼리혜성이 지구에 한 번 왔다가 다시 돌아오는 주기는 약 76년으로, 다른 혜성들에 비해 짧습니다. 망원경과 같은 도구 없이 맨눈으로도 보이는 유일한 혜성이기도 하지요. 핼리혜성이 가장 최근에 지구를 스쳐 지나간 것은 1986년이었으니, 2061년이 되면 다시 핼리혜성을 볼 수 있을 것입니다. 핼리혜성의 주기를 거꾸로 계산해 보면, 월명사의 「도솔가」가 창작된 서기 760년은 핼리혜성이 지구를 스쳐 지나간 시점입니다. 당나라의 기록에 의하면 혜성은 그해 4월 초하루에 지나갔다고 합니다. 게다가 오늘날 천문학자들의 연구에 따르면, 당시 신라의 하늘은 당나라보다 관측에 유리한 조건이었을 것이라고도 합니다. 혜성이 훨씬 밝게 보였을 수 있다는 것이지요. 결국 「도솔가」의 배경이 된 '두 개의 해'가 나타난 변고는 핼리혜성의 출현이었음을 짐작해 볼 수 있습니다.

평생 처음 보는 천체의 등장에 당시 사람들이 동요했던 것은 너무도 당연한 일일 것입니다. 실제로 760년에 나타난 핼리혜성은 태양에 가까이 다가갔고 그 꼬리가 꽤나 길어졌었다고 합니다. 태양만큼 환하게 빛나던 핼리혜성을 두고서 신라인들은 또 다른 '해'가 출현했다고 인식한 것은 아닐까요? 월명사가 「도솔가」를 지어 부를 때, 핼리혜성은 제 갈 길을 따라 무심히 신라의 하늘에서 사라져 갔을 것입니다. 해를 쫓아내는 의식을 주관한 월명사는 또다시 그 명성을 확인하며 사람들의 추앙을 받았을 것이고요.

일생에 단 한 번, 보름달과 은하수를 한 번에 보는 행운

누구나 한 번쯤은 들어 봤을 다음 노래는 고려 후기의 문신 이조년이 쓴 유명한 시조입니다. 종장의 첫 구를 따서 흔히 '다정가(多情歌)'라고 부르기도 하지요. 잠 못 이루고 있는 어느 봄밤의 애상적 정서를 잘 드러냈다고 평가받는 이 시조를, 어느 천문학자가 독특한 관점으로 들여다보았습니다.

이화(梨花)에 월백(月白)하고 은한(銀漢)이 삼경(三更)인 제

일지춘심(一枝春心)을 자규(子規)야 알랴마는

다정도 병인 양하여 잠 못 들어 하노라

– 이조년, 「다정가」

'배꽃에 하얀 달빛이 내리고 은하수 가득한 깊은 밤에, 나뭇가지에 어린 봄 같은 내 마음을 소쩍새가 알겠느냐마는, 정이 많은 것도 몹쓸 병인 것처럼 좀체 잠들 수가 없다'고 노래하는 이 애절한 시조를 어떻게 천문학적으로 해석한다는 것일까요? 역사 기록을 통해 과거의 천문 현상을 분석하는 학문 분야를 '고(古)천문학'

이라고 합니다. 놀랍게도 우리나라의 어느 고천문학자는 이 짧은 어구만으로도 시조가 쓰인 날짜와 장소, 심지어 시각까지 맞힐 수 있다고 장담합니다. 과연 어떻게 그럴 수 있는 걸까요?

그는 먼저 '삼경'이라는 시어에 주목합니다. 일반적으로 '삼경'은 흔히 밤 11시부터 다음 날 새벽 1시까지의 깊은 밤이라고 알려져 있습니다. 하지만 학자는 더 자세히, 정확히 파고들어 갑니다. '삼경'이라는 시간은 해가 떨어졌을 때부터 다음 새벽 동이 틀 때까지의 깊은 밤을 5등분하여, 그중 세 번째 마디를 일컫는 것입니다. 그런데 밤의 길이는 계절마다 바뀌지요? 그래서 더 정확한 시간을 추출하기 위해서는 추가 정보가 필요합니다. 여기서 학자는 '이화'라는 시어에 주목합니다. 고려의 수도였던 개경을 기준으로 배꽃은 4월 초순 즈음 개화합니다. 학자의 계산에 따르면, 그즈음 삼경에 해당하는 시간은 밤 11시 31분부터 다음 날 00시 59분 사이였을 것이라고 합니다. 마지막으로는 '월백'과 '은한'이라는 시어에 주목해야 합니다. 달이 가장 하얗게 빛나는 때는 보름달일 때이고, '은한'은 은하수이니 보름달과 은하수를 동시에 볼 수 있는 밤이 언제였는지 알면 이조년의 그날 밤을 구체적으로 특정할 수 있게 되는 것이지요.

이조년은 1269년에 태어나 1343년에 세상을 떠났습니다. 그

사이의 어느 4월 깊은 밤, 보름달과 은하수를 한 번에 볼 수 있었던 날을 컴퓨터로 시뮬레이션 해 보면 딱 하루만 그 조건에 부합한다고 합니다. 이조년이 서른여섯 살이었던 1305년 4월 11일입니다. 고려의 충신 이조년은 바로 그날 미처 잠이 들지 못하고, 자정이 막 지날 무렵의 아름다운 밤하늘을 올려다보며 고뇌에 빠져 '다정가'를 읊었던 것입니다.

그림 속 달의 모양, 뭔가 이상하지 않아?

시와 노래를 살펴봤으니 이제 그림을 살펴볼 차례입니다. 옛 명화 속의 의아한 장면도 천문학의 힘을 빌리면 놀라운 통찰의 순간을 거치면서 무릎을 탁 치게 만듭니다. 조선시대의 풍속화가 신윤복이 그린 〈월하정인(月下情人)〉이라는 그림이 있습니다. 이 그림 속에 그려진 달은 윗부분이 볼록합니다. 보통 달은 위쪽으로 볼록하지 않지요? 그래서 그림을 본 사람들은 화가가 달을 대충 그려 넣은 게 아닌가 의심하곤 했습니다. 사실적이고 정교한 화풍으로 정평이 난 화가 신윤복이 실수를 저지른 것일까요?

이 그림을 관심 있게 지켜보던 한 천문학자는 이 그림 속의 달

신윤복, 〈월하정인〉 (18세기 후반 추정)

이 일상적으로 볼 수 있는 달이 아니라, 부분월식이 일어났을 때의 모양이라는 점을 지적합니다. 또 일반적으로 달은 자정 즈음에 가장 높이 뜨는데, 그림 속의 달은 처마 끄트머리에 낮게 걸려 있습니다. 학자는 이를 바탕으로 그림 속 배경이 여름이라는 사실까지 밝혀냅니다.

주어진 단서를 종합하면 그림이 그려진 시기도 특정할 수 있습니다. 신윤복이 활동한 시기에 일어난 부분월식을 모두 조사하고 그중 서울에서 관측할 수 있었던 날을 따져 본 결과, 〈월하정인〉은 1793년 8월 21일 자정에 임박하여 그려졌다는 것입니다. 사소한 단서만으로 노래와 그림의 창작 시점까지 알아맞힐 수 있다는 게 정말 놀랍지 않나요?

천문학자들의 유별난 호기심과 독특한 탐구 방식을 따라가다 보니, 이조년의 「다정가」와 신윤복의 〈월하정인〉이 이전과는 다르게 보이지 않나요? 마치 타임머신을 타고 작품이 창작된 바로 그 날 밤의 하늘로 정확하게 우리를 데려다주는 것만 같습니다.

AI에게 물어봐!

하늘에서 우연히 혜성을 본 순간의 영감을 바탕으로 AI에게 시를 써 달라고 요청하자. AI가 창작한 시를 읽어 보고, 추가적인 대화를 나누며 시를 고쳐 써 보자.

 혜성이 지구를 통과하는 순간을 목격했다고 가정하고, 그 순간 떠오른 문학적 영감을 바탕으로 시를 한 편 창작해 줘.

 (AI의 답변 바탕으로 요약)

혜성의 노래

밤하늘을 수놓은 혜성의 빛
은하수를 건너온 듯한 찬란함
우주를 향한 인류의 꿈을 담은 듯
밤하늘에 깊은 울림을 남긴다
혜성은 지나가도 그 흔적은 남아
우리 마음속에 별빛으로 빛날 것이다

- 원하시는 분위기나 주제를 말씀해 주시면 맞춤형 시를 지어 드릴 수 있습니다.
  예를 들어, 혜성을 보고 느낀 슬픔, 기쁨, 혹은 미래에 대한 희망 등을 말씀해 주세요.

 밤하늘의 혜성을 보는 순간, 얼마전에 돌아가신 할머니가 떠올랐어. '혜성'을 할머니에 빗대어서 짧고 서정적인 시를 한 편 창작해 줄래?

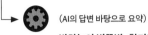 (AI의 답변 바탕으로 요약)

밤하늘의 별똥별, 할머니의 흔적

캄캄한 밤하늘을 가르는 혜성의 꼬리

그 빛줄기 따라 할머니의 얼굴이 스쳐 간다

혜성은 밤하늘을 가로지르며

짧은 순간 빛나고 사라지지만

그 잔상은 오래도록 마음속에 남아

할머니의 따뜻한 손길처럼 가슴을 훈훈하게 한다

밤하늘의 별들은 영원히 빛나지만

사람은 누구나 한 번은 세상을 떠나야 한다는 것을

혜성은 우리에게 조용히 속삭이는 듯하다

언젠가 다시 만날 그날까지

밤하늘의 별들은 우리를 이어 줄 것이다

• 더욱 개인적인 시를 원하시면, 할머니와의 특별한 기억이나 함께 했던 일들을 시에 담아 보세요.

  예를 들어, 할머니와 함께 밤하늘을 보며 별자리를 찾던 기억, 할머니가 해 주시던 동화 속 이야기, 할머니가 좋아하시던 꽃이나 음식 등 이런 구체적인 기억들을 시에 녹여 내면 더욱 감동적이고 개인적인 시가 될 것입니다.

동이는 허 생원의 아들일까?
혈육이 뭐길래, 유전학이 뭐길래

#부전자전 #왼손잡이 #후성유전학

<table>
<tr><td colspan="2" align="center">이 장에서 다룰 작품 목록</td></tr>
<tr><td rowspan="3">현대소설</td><td>김동인, 「발가락이 닮았다」</td></tr>
<tr><td>김동리, 「역마」</td></tr>
<tr><td>이효석, 「메밀꽃 필 무렵」</td></tr>
</table>

오스트리아의 생물학자 그레고르 멘델이 유전의 법칙을 세상에 발표한 때가 1865년입니다. 유전학은 그 뒤로 눈부신 발전을 거듭하였고, 마침내 현대 과학은 유전자를 완전히 분석할 수 있게 되었지요. 심지어 유전자를 사람 마음대로 조작할 수 있는 '유전자 가위' 기술까지 나오게 되었습니다.

　유전학이 없었던 과거에도 물론 사람들이 이러한 원리를 전혀 몰랐던 건 아닙니다. 여러 속담이나 고사성어들이 유전과 관련된 내용을 담고 있다는 것만 보더라도 조상들이 어렴풋이나마 유전의 원리를 간파하고 있었다는 사실을 알 수 있습니다. '콩 심은 데 콩 나고 팥 심은 데 팥 난다'거나, '씨도둑은 못 한다'는 속담에는 유전학의 핵심이 담겨 있습니다. '부전자전(父傳子傳)'도 좋은 예가 될 수 있겠지요.

　우리나라 소설 중에서도 '유전'이라는 소재를 다루는 작품이 종종 눈에 띄곤 합니다. 유전학적 지식을 바탕으로 근대문학을 읽으면, 익숙한 소설이 완전히 다르게 읽힐 수도 있습니다. 누가 누구의 자식인지 아닌지 따져 보는 과정이 마치 과학을 활용한 추리소설을 방불케 한다고도 할 수 있겠네요.

발가락은 되지만, 사마귀는 안 된다

「발가락이 닮았다」는 김동인이 1932년에 발표한 소설입니다. 젊은 시절의 방탕한 생활로 생식능력을 잃어버린 노총각 M은 어느 날 아무도 몰래 결혼을 합니다. M은 결혼한 지 2년 만에 병원을 찾아가 자신이 의학적으로 아이를 가질 수 있는 몸인지 다시한번 검사를 받아 보려 하지만, 왠지 모르게 망설이더니 끝내 포기하고 발걸음을 돌립니다. 그로부터 다시 반년쯤 지난 어느 날, M은 웬 아기를 안고 병원에 들어섭니다. 그는 의사가 묻지도 않았는데 "이놈이 꼭 제 증조부님을 닮았다거든." 하며 자랑합니다. 그러더니 자신을 닮은 데도 있다면서 느닷없이 그 자리에서 양말을 벗어 발가락을 내보입니다. 아기도 자기처럼 가운데 발가락이 제일 길다는 걸 의사에게 확인시킨 M은 희희낙락해 합니다.

그가 아이에게서 애써 증조부와 닮은 구석을 찾고, 심지어 아기의 발가락이 자신의 발가락을 빼닮았다고 떠벌리는 이유는 무엇일까요? 아기를 낳을 수 없는 몸이 되어 버렸다는 사실을 알고 있는 M에게 아내의 불륜은 너무나 자명한 일이었습니다. 하지만 M은 일부러 의학적인 검사를 회피하면서까지, 태어난 아기가 자신의 유전자를 물려받은 자기 아이라고 믿고 싶어 하는 것입니다.

M은 아기의 얼굴이 자신의 얼굴과 닮지 않았다는 것을 객관적으로 인식합니다. 하지만 실낱같은 희망이라도 붙잡아 보고 싶었던 그는 발가락의 모양에서나마 닮은 점을 찾아냄으로써 자그마한 위안을 얻습니다.

그의 사정을 알고 있었던 의사는 M의 말을 듣고 눈물겨워 이렇게 말하여 줍니다. "발가락뿐 아니라 얼굴도" 닮은 데가 있다고 말입니다. M의 희망을 지켜 주려는 의사의 은근한 위로는 아기에게서 자신의 유전적인 흔적을 찾아보려는 M의 필사적인 노력에 부응하는 휴머니즘적 태도라고도 볼 수 있을 것입니다.

1948년에 발표된 김동리의 소설 「역마」에서도 유전과 관련한 흥미로운 문제를 맞닥뜨릴 수 있습니다. '옥화'는 전라도와 경상도를 가로지르는 화개장터에 터를 잡고 주막을 운영하고 있습니다. 어느 여름날 석양이 질 무렵, 이 주막에 늙은 체 장수와 열대여섯 살 먹은 그의 딸 '계연'이 찾아옵니다. 이튿날 체 장수가 딸을 주막에 맡겨 놓고 장사를 떠난 동안, 옥화는 아버지를 기다리는 계연을 친딸처럼 자상하게 대해 줍니다. 그러다가 옥화의 아들 '성기'와 계연이 급속도로 가까워지게 되지요. 옥화는 두 사람이 부부의 인연을 맺어 정착하기를 기대합니다. 아들 성기의 사주에 대대로 역마살이 끼어 평생 정처 없이 떠돌아다녀야 할지도 모른다고 생각했기 때문입니다. 그도 그럴 것이, 옥화의 아버지와 남편 모두 평생 한곳에 정착하지 못하는 떠돌이의 삶을 살았거든요.

그러던 어느 날, 옥화는 계연의 머리를 땋아 주다가 왼쪽 귓바퀴의 조그만 사마귀를 발견하고서는 깜짝 놀라고 맙니다. 그리곤 계연과의 결혼에 들떠 있었을 아들 성기에게 혼인 불가를 통보합니다. 옥화는 체 장수가 자신의 아버지임을 확신합니다. 서른여섯 해 전 남사당패를 꾸려 화개장터에 놀러 와 자신의 어머니와 하룻밤을 보낸 남자가 체 장수라고 생각한 것입니다. 그게 사실이라면 계연은 옥화의 동생이고, 성기에게는 이모가 되는 것이지요.

옥화가 '출생의 비밀'을 확신하게 된 계기는 계연의 귓바퀴에 있는 사마귀였습니다. 똑같은 위치에 똑같은 모양의 사마귀가 있다는 것은 가까운 혈육이 아니고서는 불가능하다고 여겼던 모양입니다. 계연을 하릴없이 떠나보낸 성기는 작품의 말미에 이르러 계연과 결혼할 수 없었던 이유를 옥화에게 전해 듣고, 결국 얼마 지나지 않아 체념하듯 엿판을 메고 고향을 떠나게 됩니다.

그런데 현대의 유전학 지식에 따르면 사마귀는 유전이 아니라 인유두종바이러스(HPV)에 의해 생기는 질환이라고 합니다. 1950년대에야 이러한 사실이 과학적으로 증명되었으므로, 김동리가 소설을 쓸 당시에는 알지 못했던 정보였을 것입니다. 사마귀에 관한 정보를 알고서 이 소설을 다시 읽으면, 소설이 아예 다르게 읽히곤 합니다. 어쩌면 옥화는 유전자의 힘을 오인하여 스스로 비극을 자초했는지도 모르겠습니다. 사주팔자라는 전통적 운명관을 극복할 수 있는 절호의 기회를 잘못된 과학적 지식으로 날려 버린 것은 아닌가 하는 안타까운 기분을 지울 수 없습니다.

그렇다고 하더라도 옥화와 계연이 자매가 아니라고는 확실하게 말할 수 없습니다. 정황증거로 볼 때, 서른여섯 해 전에 화개장터에서 놀고 간 남사당패 체 장수가 정말로 옥화의 친부일 수도 있으니까요. 하지만 이 또한 확실한 증거는 아닙니다. 어느 쪽이 진실일까요? 물론 정답은 없습니다.

왼손잡이가 유전될 확률은?

1936년에 발표된 이효석의 「메밀꽃 필 무렵」에서도 유전학적 지식의 맹신이 만들어 낸 또 하나의 흥미로운 에피소드를 찾을 수 있습니다. 소설의 주인공 허 생원은 평생 여기저기를 떠돌며 '장돌뱅이'로 살고 있는데 가난하고 소심한 탓에 평생 혼자 살아야 했습니다. 젊은 시절 딱 한 번, 우연히 성 서방네 처녀를 봉평에서 만나 하룻밤을 지냈던 추억을 마음속에 보물처럼 간직하며 살고 있는 사람이지요. 그러던 어느 날, 허 생원은 봉평에서 대화로 이동하는 동안 '동이'라는 젊은이와 동행하게 됩니다. 그는 이날도 어김없이 자신의 추억을 길 위에 꺼내어 놓습니다. 허 생원과 하룻밤을 지낸 성 서방네 처녀는 그다음 날 제천으로 떠나 버렸고, 허 생원은 그녀를 찾으러 제천 장에도 들렀으나 결국 그녀를 찾지 못했다는, 아련한 이야기였습니다.

이날 밤 허 생원은 동이에게서 흥미로운 이야기를 듣게 됩니다. 동이가 홀어머니 밑에서 자랐으며, 동이의 어머니는 친정집에서 쫓겨나 제천에서 홀로 아이를 낳고 동이를 키웠다는 사연이었습니다. 동이는 또한 어머니의 친정을 봉평으로 알고 있었습니다. 허 생원은 동이의 이야기를 결코 허투루 들을 수 없었습니다. 어쩌면 남편 없이 홀로 아이를 낳아 길렀다는 동이의 어머니가 젊은 시절 그와 인연을 맺었던 처녀가 아닐까 하는 합리적 의심이 들 수밖에요. 그날 밤 길을 걷다가 사고로 물에 빠진 허 생원을 동이가 건져 주고, 업어 주기도 하면서 허 생원은 동이에게서 마치 아들 같은 포근함을 느꼈습니다. 잠시 쉬었다가 다시 길을 나서려는 순간, 어두운 밤중이었음에도 불구하고 허 생원의 눈에 결정적인 장면이 포착됩니다. 나귀를 부릴 때 쓰는 동이의 채찍이 왼손에 들려 있었던 것입니다. 허 생원 자신도 왼손잡이였고 말이지요. 그 순간 허 생원은 동이가 자신의 아들임을 확신하게 됩니다. 틀림없는 유전학적 증거를 잡았다고 생각한 허 생원의 발걸음은 이내 가벼워집니다.

그렇다면 현대 과학은 이에 대해 어떤 의견을 내놓을까요? '왼손잡이'가 유전되느냐는 물음에 대한 답은 현재로서는 확실히 말할 수 없습니다. 유전학이 눈부시게 발전한 오늘날에도, 사람들이 주로 쓰는 손을 결정하는 데 어떤 유전자가 관여하는지는 정확히 밝혀지지 않았기 때문입니다. 그러니까 자신과 같은 왼손잡이라고 해서 동이가 자신의 유전자를 물려받은 친자가 확실하다고 믿는 것은 성급한 판단일 수도 있습니다.

그런데 허 생원의 즐거운 추측이 아무런 근거도 없다고 결론 내리기는 조금 이릅니다. 허 생원의 판단을 조금만 더 상세하게 들여다보도록 합시다. 방금 설명했듯이 현대 과학은 아직 주로 쓰는 손을 결정하는 유전자를 특정하지는 못했습니다. 인과관계를 설명할 수는 없다는 것이지요. 하지만, 부모가 왼손잡이일 때 자식도 왼손잡이일 확률은 통계적으로 계산이 되어 있습니다.

오른손잡이와 왼손잡이의 비율은 전 세계적으로 비슷합니다. 오른손잡이가 90퍼센트이고, 왼손잡이가 10퍼센트 정도 된다고 하지요. 그러니까 우연히 왼손잡이끼리 만날 확률이 극히 낮기는 한 것입니다. 따라서 「메밀꽃 필 무렵」에서 왼손잡이 두 명이 우연히 동행하게 되었다는 것만으로도 보통 인연은 아니라고 할 수 있겠습니다.

또 다른 연구를 참고해 볼까요? 영국 유니버시티칼리지런던 크리스 맥매너스 교수의 연구에 의하면, 부모가 모두 오른손잡이일 때 왼손잡이 자녀가 태어날 확률은 8퍼센트라고 합니다. 그런데 부모 중에 한 사람이 왼손잡이라면 자녀 또한 왼손잡이일 확률이 19퍼센트로 급상승한다고 합니다. 부모가 모두 왼손잡이라면 어떨까요? 이 경우 자녀가 왼손잡이가 될 확률은 30퍼센트에 달합니다. 설령 아직 원인을 해명할 수는 없더라도 왼손잡이가 유전과 전혀 상관없다고는 말할 수 없는 셈입니다.

만일 동이의 어머니가 왼손잡이라고 가정하면, 동이가 허 생원의 아들일 확률은 30퍼센트가 됩니다. 그러니 여러분이 허 생원이라면 지금 동이에게 물어야 할 것은, "어머니가 왼손잡이인가?" 하는 질문입니다. 만약 그렇다면 어쨌거나 동이가 허 생원의 아들일 확률이 조금 더 높아지는 셈이니까 말이지요. 물론 30퍼센트라는 확률은 여전히 자신의 아들임을 확신하기에는 턱없이 모자라기는 하지만요.

살다 보면 유전자가 변할 수도 있다고?

부모가 자식에게 물려주는 유전자는 태어날 때부터 완전히 정해지는 것일까요? 최근에는 또 다른 이론도 떠오르고 있습니다. 바로 '후성유전학'입니다.

먼저 유전학의 기초 지식을 잠깐 살펴봅시다. 과학 시간에 배운 내용을 떠올려 보세요. DNA는 나선형으로 생겼다고 배웠을 겁니다. DNA의 염기 서열이 변화하면 유전자 발현이 달라지고, 이를 곧 '돌연변이'라고 하지요.

한편 후성유전학에서는 돌연변이로 인해 염기 서열이 변화하지 않더라도, '히스톤'이라는 단백질의 변형으로 인해 유전자의 발현 양상이 달라질 수 있다고 봅니다. DNA에 달라붙는 일부 생화학 물질에 따라서 본래의 유전형과 다른 변이가 나타나는 경우가 종종 있는데, 이런 변이가 대물림될 수 있다는 것입니다. 가령 왼손잡이가 되게끔 하는 유전인자가 없다고 하더라도, DNA가 히스톤을 어떤 방식으로 감고 있느냐에 따라, 또는 생화학 물질이 DNA에 어떻게 영향을 미치느냐에 따라 왼손잡이가 발현될 수도 있다는 말입니다. 만약에 허 생원이 태어날 때부터 왼손잡이였던 것이 아니라 유전자가 후천적인 환경과 상호작용을 주고받은 결과로 왼손잡이가 된 것이라면 어떨까요? 그렇게 가정하면, 후성유전학의 관점에서는 허 생원의 아들이 왼손잡이가 될 확률이 좀 더 높아집니다. 왜냐하면 후성유전학에서는 후천적으로 영향을 받은 유전자가 다음 세대로 대물림되는 경우가 더러 있다고 알려져 있기 때문이지요. 유전학이 지금보다 더 발전한다면 허 생원과 동이의 관계를 좀 더 면밀하게 분석하여 과학적으로 밝혀낼 수 있을지도 모릅니다.

이처럼 과학의 발전은 문학작품을 새로운 시각에서 볼 수 있게 해 줍니다. 하지만 역시 과학만으로는 인간의 생각과 마음을 모두 설명할 수는 없습니다. 억지로 닮은 점을 찾으면서까지 자신의 아이를 갖고 싶어 하는 M의 애처로운 모습이나, 예비 며느리가 실은 자신의 동생일지도 모른다고 판단한 옥화의 추리를 완전히 부당하다고 할 수는 없을 것입니다. 동이가 자신의 아들이라고 확신하는 허 생원도 어리석다고만 할 수 없을 것이고요. 사실이 어떠하든, 과학적 지식을 통해 문학작품을 더 깊이 읽을 수 있다면 그것으로 충분한 것 아닐까요?

AI에게 물어봐!

다음과 같이 여러 방식으로 AI에게 질문해 보고, 응답에 어떤 차이가 있는지 확인해 보자. 그런 다음 각자의 방식 대로 질문을 구체화해 보자.

 이효석의 소설 「메밀꽃 필 무렵」에서 '동이'가 '허 생원'의 아들 일 확률은 얼마나 될까?

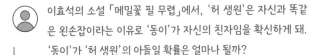

이효석의 소설 「메밀꽃 필 무렵」에서, '허 생원'은 자신과 똑같 은 왼손잡이라는 이유로 '동이'가 자신의 친자임을 확신하게 돼. '동이'가 '허 생원'의 아들일 확률은 얼마나 될까?

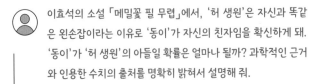

이효석의 소설 「메밀꽃 필 무렵」에서, '허 생원'은 자신과 똑같 은 왼손잡이라는 이유로 '동이'가 자신의 친자임을 확신하게 돼. '동이'가 '허 생원'의 아들일 확률은 얼마나 될까? 과학적인 근거 와 인용한 수치의 출처를 명확히 밝혀서 설명해 줘.

2교시

시간과 공간의 흐름을 읽는 국어 시간

국어 × 역사·지리

닮아도 너무 닮은
옛이야기와 그리스 로마 신화,
과연 우연일까?

#신데렐라 #서사학 #실크로드

이 장에서 다룰 작품 목록	
서사시	호메로스, 『일리아스』
	『오디세이아』
역사서	일연, 『삼국유사』
	김부식, 『삼국사기』

혹시 서양의 「신데렐라」와 우리나라의 「콩쥐팥쥐」 이야기가 너무 비슷하다는 생각을 해 본 적 없나요? 등장인물의 이름과 이야기의 배경만 다를 뿐 스토리의 구조가 너무 똑같아서 「신데렐라」가 「콩쥐팥쥐」를 베낀 것이거나, 혹은 그 반대가 아닐까 싶을 정도입니다. 동서양의 두 이야기가 비슷한 것은 정말 우연의 일치일까요? 전문가들의 의견에 따르면 '신데렐라'류의 이야기는 세계 곳곳에서 흔히 찾아볼 수 있다고 합니다. 주로 유럽이니 아시아 대륙에서 관찰되는데, 우리나라뿐만 아니라 중국이나 베트남에서도 유사한 이야기가 흔히 발견되고 있습니다. 다만 유달리 아메리카나 오세아니아 대륙에서는 「신데렐라」와 비슷한 이야기가 전승되고 있지 않습니다. 그 대륙이 역사적으로 뒤늦게 발견되어 인적 교류도 늦게 시작되었고, 그에 따라 다양한 이야기들이 널리 전파되었을 가능성이나 기회가 적었기 때문이라고 합리적으로 추론해 볼 수 있겠습니다.

  그러면 비슷한 이야기가 서로 멀리 떨어진 지역에서도 각각 전승되어 왔다는 사실은 무엇을 의미하는 것일까요? 먼 옛날부터 교류가 있었음을 증명하는 것일까요? 아니면 인류에게는 보편적인 이야기의 구조가 있는 것일까요? 이번 장에서는 서양 문화의 뿌리로 불리는 '그리스 로마 신화'와 우리 옛이야기를 비교하면서 그 답을 궁리해 보겠습니다.

과연 어느 나라 물건인고?

전문가가 아니더라도, 어떤 문화재나 골동품이 어느 문화권의 것인지 정도는 누구나 직관적으로 구분할 수 있습니다. 눈썰미가 있는 사람이라면 중국, 일본의 문화재와 우리나라의 문화재가 다르다는 점도 눈치챌 수 있을 것입니다. 예컨대 여기 한 자루의 '검'이 있다고 합시다. 여러분은 이 검이 동양의 것인지 서양의 것인지 정도는 단박에 구별해 낼 수 있을 겁니다.

그러면 다음 사진을 한번 볼까요? 과연 어느 나라의 문화재인 것 같나요? 얼핏 보면 서양 중세의 유물이 아닌가 싶기도 하고, 중동 지역에서 내려오는 골동품이 아닌가 싶기도 합니다.

그런데 사실 이 검은 보물 제635호로 지정되어 국립경주박물관에 소장 중인 '경주 계림로 보검'입니다. 신라시대의 문화재이지요. 머릿속에 일반적으로 떠올리는 신라시대의 보물과 잘 일치하지 않습니다. 이 검은 한눈에 보아도 우리의 전통 검이라고 하

경주 계림로 보검,
국립경주박물관 제공

기에는 너무 이국적인 디자인입니다. 삼국시대를 포함하여 그 이후로 한반도에서 발견된 다른 검과 견주어 볼 때 확실히 이질적입니다. 실제로 1973년에 이 검이 출토된 이후로는 비슷한 유물이 추가로 발견되지 않았습니다. 게다가 검을 장식하고 있는 보석의 원산지는 동유럽이고, 검을 장식하고 있는 문양도 불가리아의 트라키아 시대에 유행하던 전통 문양에 가깝다고 하니, 신라 고유의 문화재라고 하기는 무리가 있습니다.

현재 학계에서는 '경주 계림로 보검'이 서기 5~6세기 경에 유럽이나 중동 쪽에서 신라로 넘어온 것으로 추정하고 있습니다. 이 보검의 존재는 당시 신라가 먼 서양의 문화권과도 교류하고 있었다는 증거로 여겨집니다. 비단 이 보검이 아니더라도 신라의 고분에서는 멀리 이집트, 중동 지역 등에서 유래한 것으로 보이는 유리잔이나 버클 같은 유물이 출토된 바 있습니다. 유럽이나 중동 쪽에서 온 외국인이 경주에서 이런 유물들을 목격한다면, "이거 어디서 많이 본 건데, 어디서 봤더라?"라며 갸웃할지도 모르겠습니다.

그런데 당대 신라인들과 서양인들이 그렇게 활발하게 교류를 이어 갔다면, 검이나 유리병, 장신구 같은 물건들만 서로 주고받았을까요? 아마 그들 사이에서는 흥미로운 '로컬 스토리'도 오갔을 것입니다. 자신이 듣고 자란 재미있는 이야기를 상대방과 자연스럽게 나누었을 테지요.

그래서 어떤 임금님 귀가 당나귀 귀라고?

그리스 로마 신화에 등장하는 미다스왕은 두 가지 일화로 널리 알려져 있습니다. 하나는 자신의 손에 닿는 모든 것을 황금으로 바꿔 달라는 소원을 빌었다는 이야기입니다. 술의 신 디오니소스가 그의 소원을 들어주자 미다스왕은 기뻐하지만, 이내 그것이 축복이 아니라 저주임을 깨닫게 되었다고 합니다. 음식은 물론이고 사랑하는 사람까지도, 정말로 그가 만지는 모든 대상이 황금이 되어 버렸기 때문입니다. 또 다른 이야기는 이것보다 더 유명합니다. 다음 이야기를 한번 읽어 볼까요?

어느 날 들의 신이었던 '판'이 음악의 신인 아폴론에게 음악 대결을 신청합니다. 아폴론은 판을 괘씸하게 여기면서도 도전을 받아들입니다. 평소에 판을 좋아하던 미다스왕은 심사위원 중 한 명으로 참가하게 됩니다. 먼저 판이 피리를 불고, 다음은 아폴론이 리라를 연주했습니다. 많은 청중이 아폴론의 손을 들어 주었지만,

판의 추종자였던 미다스왕은 동의하지 않고 판의 손을 들어 주었습니다.

그러자 격분한 아폴론이 미다스왕의 귀를 당겨 마치 당나귀 귀처럼 길쭉하게 늘어뜨리고 털까지 나도록 만들었습니다. 흉측한 몰골로 왕궁에 돌아간 미다스왕은 머리에 커다란 두건을 둘러 귀를 감추었지요. 하지만 왕의 머리를 잘라 주던 이발사만큼은 왕의 비밀을 알고 있었습니다. 우스꽝스러운 귀의 비밀을 아무에게도 얘기하지 말라는 왕의 명령에도 불구하고, 이발사는 답답해서 견딜 수가 없었습니다. 마침내 더 이상 참을 수 없었던 이발사는 한적한 들판으로 나가 땅에 구멍을 파더니 그 안에 대고 크게 외칩니다. "임금님 귀는 당나귀 귀!"

비밀을 털어 놓자 그제야 가슴이 후련해진 이발사는 서둘러 흙을 다시 덮습니다. 얼마 후, 갈대가 무성하게 자란 들판에서는 왕에 대한 소문이 바람에 실려 메아리처럼 사방으로 퍼져 나갑니다.

그런데 그리스 로마 신화의 일화로 알려진 '당나귀 귀' 이야기는 『삼국유사』에서도 비슷하게 반복됩니다. 이발사 대신 모자를 만드는 사람이 등장하고, 갈대가 아니라 대나무숲이고, 미다스왕 대신 신라의 경문왕이 등장한다는 것만 빼고 말입니다. 『삼국유사』에는 이렇게 기록되어 있습니다.

왕은 왕위에 오른 후에 귀가 갑자기 당나귀 귀처럼 자라났다. 그런데 왕후와 궁인들 모두가 이 사실을 알지 못하고 오직 복두장 한 사람만 이 사실을 알고 있었다. 그러나 그는 평생토록 왕의 비밀을 다른 사람에게 말하지 않았다. 어느 날 복두장이 죽을 때가 되자 도림사(道林寺) 대숲 가운데로 들어가 사람이 없는 곳에서 대나무를 향해 외쳤다.

"우리 임금님 귀는 당나귀 귀다."

그 후로 바람이 불면 대숲에서 이런 소리가 났다.

"우리 임금님 귀는 당나귀 귀다."

– 『삼국유사』 권2 「기이 제2 경문대왕」에서

"내가 네 애비다!"
아버지를 찾아 떠난 아들들의 모험

크레타섬의 미궁에서 괴수 미노타우로스를 물리친 테세우스는 헤라클레스와 더불어 그리스 로마 신화를 대표하는 영웅 중 한 명입니다. 아테네를 상징하는 영웅이기도 하지요. 그런데 그의 전설에는 고구려의 제2대 왕으로 알려진 유리왕의 일화와 상당히 유사한 지점이 있습니다.

테세우스와 유리왕은 둘 다 어릴 때 아버지와 떨어져 자랐습니다. 성장한 뒤에 아버지를 찾아가, 그의 아들임을 증명하는 통과의례를 겪어야 했던 점도 동일합니다. 이들은 아버지가 수수께끼처럼 숨겨 놓은 표식을 찾아내야 했습니다. 테세우스를 읽다 보면 유리왕이 떠오르고, 유리왕 이야기를 읽으면 테세우스가 저절로 떠오르는 지점입니다. 두 이야기를 견주어 보면 다음과 같습니다.

아테네의 왕 아이게우스는 아내와의 사이에서 아이를 얻지 못하여 근심이 많았습니다. 신의 뜻을 물으려 신탁을 받고 돌아오던 길에, 그는 친구가 다스리는 트로이젠에 들르게 되었습니다. 그리고 그곳에서 친구의 딸 아이트라와 동침하게 됩니다. 아이트라가 임신을 하게 되자, 아이게우스는 커다란 바위를 들어 그 아래 자신의 칼과 신발을 숨긴 다음 다시 바위를 올려놓더니, 아이가 바위를 들어 올릴 수 있을 만큼 성장하면 아테네로 보내라는 말을 전하고 트로이젠을 떠났습니다. 마침내 태어난 아이가 바로 테세우스입니다. 테세우스는 열여섯 살 때 이미 그 바위를 들어 올려 증표를 꺼내 들고 아버지를 찾아 길을 떠났습니다. 테세우스는 그 과정에서 온갖 괴물과 악당들을 퇴치하고 위대한 영웅이 되어 아테네에 입성하지요.

이번에는 『삼국사기』에 실린 유리왕 설화를 살펴보죠. 부여에서 아버지 없이 성장한 유리가 어느 날 어머니 예 씨에게 자신의 아버지는 누구이며 지금 어디에 있느냐고 따져 물었습니다. 예 씨는 유리의 아버지가 평범한 사람이 아니며, 그는 부여를 떠나 졸본이라는 곳에 나라를 세웠다는 이야기를 아들에게 들려줍니다. 그리고 아버지 주몽이 남긴 말을 아들에게 전해 주지요. 주몽은 '일곱 모가 난 돌 위의 소나무 밑에' 증표를 숨겨 두었으니, 유리가 자라면 그것을 찾아오도록 하라는 말을 남겨 둔 터였습니다.

유리는 매일 산골짜기를 헤매며 아버지가 증표를 숨겨 둔 장소를 찾으려 했으나 좀처럼 눈에 띄지 않았습니다. 그러던 어느 날, 유리가 마루 위에서 가만히 집의 기둥을 보니 주춧돌이 일곱 모로 깎여 있었고, 그 위의 기둥은 소나무였습니다. 곧바로 기둥 밑을 파 보았더니 부러진 칼이 묻혀 있었지요. 유리는 그것을 가지고 졸본으로 가서 왕이 된 주몽을 만났습니다. 유리가 부러진 칼을 꺼내 보이자, 왕은 자신의 나머지 반쪽의 칼과 맞추어 보았죠. 딱 들어맞아 온전한 한 자루의 칼이 이루어지자 왕은 크게 기뻐하며 유리를 태자로 삼았다고 합니다. 그리고 유리는 곧 왕위를 이을 수 있었지요.

아내를 되찾아라! 오디세우스와 이몽룡

오디세우스는 그리스 로마 신화의 후반부 주인공이라 할 만합니다. 뛰어난 무력과 지략을 두루 갖춘 영웅으로 묘사되는 오디세우스는 '트로이의 목마'를 만들어서 기나긴 전쟁을 끝내고 트로이를 멸망시킨 장본인이기도 합니다. 그러나 그는 신들의 노여움을 사, 장장 20년에 이르는 기간 동안 고국으로 돌아가지 못하고 바다에서 표류하게 됩니다.

고향에서는 아내 페넬로페가 그를 기다리고 있었습니다. 전쟁이 끝난 지 한참 지났는데도 오디세우스가 돌아오지 않자, 주위에서는 페넬로페에게 재혼을 종용합니다. 페넬로페는 남편 오디세우스가 반드시 돌아올 것이라는 희망을 버리지 않고 사람들에게 온갖 핑계를 대며 구혼자들의 압박을 견뎌 내고 있었지만, 너무 오래 미루어 왔기 때문에 더 이상 구실 삼을 핑곗거리가 없었습니다. 페넬로페는 어쩔 수 없이 구혼자들 중에 활을 가장 잘 쏘는 사람과 재혼하겠다고 발표합니다. 열두 개의 고리를 일직선으로 걸어 놓고, 화살을 쏴서 열두 개의 고리 구멍을 꿰뚫는 사람과 결혼하겠다는 것이었습니다.

마침내 찾아온 시합 당일, 하지만 구혼자들은 오디세우스의 활을 당기지도 못합니다. 이때 웬 늙은 거지가 나타나 자기도 활을 한번 쏘게 해 달라고 겸손하게 간청합니다. 그는 구혼자들이 당기지도 못했던 활을 쏴 임무를 완수합니다. 대부분의 사람들이 알아보지 못했지만, 그 거지가 바로 오디세우스 본인이었습니다. 오디세우스는 곧바로 정체를 밝히고 한자리에 모여 있던 구혼자들을 징벌한 다음 다시 궁궐의 주인이 되어 아내와 행복한 일상을 되찾았습니다.

다른 남자들에게 시달리는 아내를 구하고, 그들을 일망타진하는 이야기는 왠지 낯설지 않을 것입니다. 우리 고소설에도 이런 비슷한 이야기가 있으니까요. 바로 『춘향전』입니다. 오디세우스 전설 속 구혼자들은 『춘향전』의 '변 사또'와 다름없습니다. 변 사또의 잔칫날은 오디세우스 이야기 속 활쏘기 시합날과 대응되고, 오디세우스가 정체를 밝히는 대목은 이몽룡이 어사출두 하는 장면과 똑같습니다. 이몽룡이 허름한 꼴로 변장하고 시를 한 수 지어 보게 해 달라고 간청하는 장면도 오디세우스가 활을 쏴 보게 해 달라는 장면과 비슷하지요.

어쩌면 조선 중기 이후에 창작된 우리의 『춘향전』이 먼 시간과 거리를 건너 전파된 오디세우스 이야기에 영향을 받은 것은 아닐까요?

우연이 아니라, 우리 마음속에
이미 존재하던 이야기라고?

서양의 그리스 로마 신화가 우리의 옛이야기들과 비슷하게 닮아 있는 것은, 어쩌면 '이야기'가 보검이나 장신구처럼 무역로에 실려 오갔기 때문이 아닐까요? 『삼국유사』와 『삼국사기』, 그리고 『춘향전』에 이르기까지, 우리 민족의 고유한 것으로 여겨지는 이야기들에서 서양의 전통적인 일화들이 발견된다는 것은 먼 옛날부터 활발했던 동서양의 교류를 짐작하게 합니다. 우리의 이야기가 서양으로 전파되었을 수도 있고, 서양의 이야기가 우리에게 스며들기도 하면서 각자 나름의 발전을 거쳤을 것입니다. 백번 양보하여 이야기 사이의 유사성이 단지 우연의 일치라고 하더라도, 이질적인 문화권으로 여겨지는 동서양의 이야기가 서로 통하고 있다는 것은 굉장히 흥미로운 일입니다.

실제로 '이야기' 자체를 연구하는 서사학자들은 일찍이 이런 현상에 주목하고 있었습니다. '서사학'은 민담, 전설, 신화 등 동서고금의 다양한 이야기를 수집하고 분석하여 이야기의 구조 안에 숨겨진 '보편적 질서'를 찾아내려는 학문입니다. 그들은 그렇게 찾아낸 보편적 질서나 법칙을 통해 인간 심리의 심층 구조를 이해할 수 있다고 믿습니다.

대표적인 서사학자인 블라디미르 프롭은 세계 곳곳에 흩어져 있는 민담을 모아서 공통된 구조를 찾아내기도 했습니다. 마치 우리가 사용하는 언어를 분석하여 '문법'을 찾아내듯이 말입니다. 그는 전 세계의 민담들이 모두 31가지의 기본적인 이야기 요소들로 잘게 쪼개지고, 그 31가지 요소들을 어떻게 선택·배열하느냐의 차이만 있다는 것을 밝혀냅니다. 이를 통해 프롭은 인간이 고유한 방식으로 이야기를 구성하며, 그렇게 구성된 이야기는 그 심층 구조에 있어서 일정한 패턴을 반복한다는 사실을 규명합니다. 그 패턴들 중에 가장 기본적인 반복 구조는 '주인공의 시련 – 조력자의 등장 – 문제 해결 – 행복한 결말'이라는 구조입니다. 여러분이 알고 있는 대부분의 이야기의 구조가 이렇지 않나요?

서사학자들의 이러한 집요한 연구는, 동서양의 이야기들이 서로 비슷하거나 일치하는 현상에 대해 합리적인 설명을 가능하게 합니다. 동서양의 이야기가 단지 우연히 일치한 것이 아니라, 인간이 사회를 발전시켜 오면서 마음속에 자리 잡게 된 자연스러운 이야기 구조가 있다는 것이죠. 그러니 동서고금을 막론하고 언제 어디서든지 비슷한 '이야기'를 찾아볼 수 있었던 겁니다. 오늘날 대중들이 열광하는 '마블'의 히어로 영화나 '해리포터' 시리즈가 가진 스토리도, 결국은 블라디미르 프롭이 발견한 서사 구조를 벗어나기 힘들다고 하니, 하늘 아래 새로운 건 없다는 말은 여기에도 통하나 봅니다.

AI에게 물어봐!

본문에서 제시된 이야기 이외에, 서로 멀리 떨어진 지역에서 전승되는 비슷한 이야기의 사례를 조사해 보자. 그중 관심 있는 이야기를 골라 어떤 이유로 해당 이야기가 비슷한 구조를 띠게 되었는지 AI에게 물어보고, 사실 관계에 오류는 없는지 검증해 보자.

 '신데렐라'와 '콩쥐팥쥐' 이야기가 서로 비슷한 것처럼, 동서양에서 공통적으로 발견되는 비슷한 민담이나 설화를 몇 가지 알려줘!

 (AI의 답변 바탕으로 요약)

1. 홍수 설화
- 서양: 노아의 방주 (성경)
- 동양: 곤륜산의 대홍수 (중국)
- 공통점: 신/천제가 인간의 타락을 심판하기 위해 홍수를 일으키고, 의로운 인물이 방주/배를 통해 생명들을 구원함

2. 현명한 재판관
- 서양: 솔로몬의 재판 (성경)
- 동양: 정수정의 재판 (한국)
- 공통점: 지혜로운 판관이 기지를 발휘해 진실을 가려냄

3. 현명한 막내
- 서양: 똑똑한 농부의 딸 (그림형제)

- 동양: 서동요 (한국)
- 공통점: 신분이 낮은 막내가 지혜를 발휘해 어려움을 극복하고 성공함

 솔로몬의 재판은 알겠는데 정수정의 재판은 무슨 이야기야?『정수정전』에는 지혜로운 재판 이야기가 구체적으로 나오지 않는데? 그리고 〈서동요〉는 백제 무왕이 신라의 선화 공주와 결혼하기 위해 노래를 지어 퍼뜨린 이야기인데, '막내'라는 정보가 제시되지는 않는 걸로 알고 있어. 공통점에 대한 설명이 틀린 거 아니야?

 (AI의 답변 바탕으로 요약)
죄송합니다. 제 답변에서 몇 가지 잘못된 정보를 전달했네요.

1. "정수정의 재판" 관련: 한국의 전통적인 현명한 재판 이야기로는 '조선시대 암행어사들의 재판'이나 '훈민정음 반포 후 세종대왕 시기의 송사 해결' 사례들이 있지만, "정수정의 재판"이라는 구체적인 이야기는 제가 잘못 알고 있었거나 혼동한 것 같습니다.

2. "서동요" 관련: 예, 제 설명이 잘못되었습니다. 제가 언급한 "신분이 낮은 막내가 지혜를 발휘해 어려움을 극복하고 성공함"이라는 설명은 부적절합니다.

이와 같은 잘못된 정보를 제공한 점 사과드립니다. 답변할 때 더욱 신중하게 사실관계를 확인하도록 하겠습니다.

마지막으로, 이러한 매우 특정한 역사적 사실이나 문헌에 대해 제가 진술할 때는 정확하지 않을 수 있다는 점을 말씀드립니다. 더 정확한 정보를 위해서는 신뢰할 수 있는 역사 자료나 문헌을 직접 확인하시는 것이 좋겠습니다.

5

'서울 1964년'을 건너, 지금의 서울을 묻다

#고독 #도시 #근대화

오늘 하루를 가만히 뒤돌아봅시다. 아침에 눈을 떠서 밤에 잠자리에 들 때까지, '시간'의 흐름에 따라 숱한 '공간'을 지나쳤을 거예요. 침실에서 욕실을 거쳐 회사나 학교에 갔을 것이고, 저녁에는 영화관이나 카페에 들러 즐거운 시간을 보냈을 수도 있겠지요. 이처럼 시간과 공간은 서로 떼어 놓을 수 없고, 사람은 시공간에서 벗어날 수 없습니다.

　김승옥은 이른바 4·19세대라고 불리는 소설가 중의 한 명이에요. 그의 작품을 일컬어 '감수성의 혁명'이라고도 부를 만큼, 흔히 그의 소설은 개인의 정서에 주목한 것으로 널리 알려져 있지요. 하지만 그의 소설은 단순히 개인에만 집중한 것이 아니라, 작가가 살아갔던 '시대 속의 개인'을 그려 내고 있습니다.

　이제 그의 단편소설 「서울 1964년 겨울」을 읽어 봅시다. 단출하고 직관적인 제목이 한눈에 먼저 들어오지요? 작가는 '서울'이라는 공간과 '1964년'이라는 시간이 이 소설의 배경임을 분명하게 제시합니다. 일 년 중에서도 계절이 '겨울'이라는 것 또한 기억해 두어야 합니다.

　이 소설이 드러내려고 하는 세계는 시간이나 공간 어느 하나만으로는 이해할 수 없습니다. 소설 속에 등장하는 서울의 수많은 '공간'들은 1964년(그리고 겨울)이라는 '시간'의 흐름과 교차하면서 치밀하게 짜여진 이야기를 만들어 냅니다.

1964년, 그해 '겨울' 속으로

이 소설의 전반적 분위기는 한국의 1960년대라는 시대의 공기를 반영하고 있습니다. 그 시절 우리 사회에는 과연 어떤 공기가 흐르고 있었을까요?

1960년 4월은 새로운 시대의 시작이었습니다. 이승만 대통령의 독재정치와 3·15 부정선거에 맞서, 전국의 학생과 시민들이 연일 시위를 벌였습니다. 민주화의 열망을 품고 거리로 몰려나온 무고한 시민들이 다치고 희생되었지요. 결국 이승만 대통령은 국민의 요구에 무릎을 꿇을 수밖에 없었습니다. 그가 권좌에서 물러나며 12년 동안 이어 온 장기 집권이 막을 내렸습니다. 이른바 4·19 혁명이 성공한 것입니다.

독재를 무너뜨린 국민들은 이제 두려울 것이 없었습니다. 민주주의를 바로 세울 기회가 코앞까지 다가온 것입니다. 하지만 민주주의의 꿈도 잠시, 또 다른 독재 세력이 등장하며 모든 희망이 물거품이 되고 맙니다. 1961년 5월 16일, 군사 정변이 일어났고 이때부터 군부 정권이 들어서 또 다른 독재정치가 시작된 것입니다. 4·19의 희망이 순식간에 사라지고 군부 세력과 맞닥뜨린 당시 사회는 말할 수 없는 허무함과 공허감에 빠져들기 시작했습니다.

젊은 세대들은 무기력한 상태에 빠져들었고 자신의 존재 의미를 찾지 못하는 시절이었지요. 또 무르익어 가던 민주주의 분위기에서 강압적인 군사정권이 들어섬으로 인해 사회적 기류는 전반적으로 경직되어 있었습니다. 이런 분위기 속에서도 군부에 기대려는 속물 같은 사람도 있었으니, "장교가 된다는 꿈"에 도전하기 위해 육군사관학교 시험에 응시하는 소설 속 '나'가 바로 그런 인물입니다. 하지만 '나'는 시험에서 떨어지고 맙니다.

한편 명분 없는 정권을 수립한 군부로서는 국민들의 관심사를 시급하게 다른 곳으로 돌려야 했습니다. 군부 정권은 다른 어떤 문제보다도 먹고사는 문제에 치중했습니다. 경제개발 5개년계획을 수립하고 1962년부터 전격 경제개발 정책들을 시행하기 시작했지요. 급속한 산업화·도시화에는 명암이 공존했습니다. 농촌 공동체는 파괴되었고, 서울은 수많은 사람들로 바글거리는 거대 도시로 급변한 것입니다. 돈만 있으면 무엇이든 할 수 있다는 '배금주의'도 이때부터 사회 곳곳에 뿌리내리기 시작했습니다. 돈을 벌기 위해서는 어떤 수단도 정당화될 수 있다는 생각도 차츰 퍼져 나갔지요. 소설 속에 등장하는 삼십 대 중반의 낯선 사내가 아내의 시신을 병원에 팔아 자본주의적 욕망의 덫에 걸려드는 모습은 이러한 사회적 분위기를 극적으로 보여 줍니다.

서울, 그곳은 "춥고도 험한 곳"

평화시장, 화신백화점, 서대문 버스정거장, 단성사, 적십자병원, 을지로3가, 서울역, 종로2가, 영보빌딩, 남영동… 모두 이 소설 속에서 언급되는 장소들입니다. 작가는 도시 곳곳의 지명이나 장소를 구체적으로 나열함으로써 서울이라는 공간을 집요하게 강조합니다. 이 서울이라는 도시는, 소설 속 인물 '안 형'이 말하였듯 "욕망의 집결지"입니다.

> 화려한 도시를 그리며 찾아왔네
>
> 그곳은 춥고도 험한 곳
>
> 여기저기 헤매다 초라한 문턱에서
>
> 뜨거운 눈물을 먹는다
>
>   - 노래 조용필 / 가사 조용필, 〈꿈〉에서

1991년에 발표된 조용필의 〈꿈〉이라는 노래 가사입니다. 화려한 도시의 이면에는 춥고도 험한, 그리고 "초라한 문턱에서", "뜨거운 눈물을 먹는" 사람들이 있습니다. 노래의 발표 시기는 김승옥의 소설이 쓰인 시기와 20년 이상의 시차가 있지만, 청년 시절

조용필이 뮤지션의 길을 걷기 위해 고향을 떠난 것이 1960년대임을 고려하면 두 작품 사이에 연관이 없지 않을 것입니다. 무엇보다도 서울이 점점 대도시가 되어 갈수록 사람들의 소외감도 심해졌습니다. 이는 1960년대부터 시작되어 여전히 이어지고 있는 현상입니다. 소설 속 '사내'가 "여기저기 헤매다"가 자신의 처지에 울음을 터뜨리고 흐느끼며 오랫동안 눈물을 멈추지 못한 것도 바로 이런 이유에서입니다.

그래서 이 소설의 제목은 '서울 1964년'으로는 부족했던 것입니다. 춥고 쌀쌀한 '겨울'을 덧붙여야만 삭막한 서울의 풍경을 더 절실하게 상징화할 수 있었을 것입니다. 거대도시 서울에서 차디찬 겨울처럼 살아가는 사람들은 자신의 정체성을 잃고 익명의 존재가 되어 갔습니다. 공동체가 무너지면서 다른 사람과의 관계도 끊어지게 된 것이지요. 사람들은 저마다 고독한 존재로 전락하였습니다. 인간관계의 단절에 의해 소외감은 더욱 깊어지고, 각자의 겨울은 더욱더 혹독해질 뿐이었습니다.

자본주의와 산업화는 현대인의 소외와 고독을 부추겼습니다. 세상 모든 소중한 것들이 경제적 가치로 환산되는 상황에서 사람들은 자신의 고유한 정체성을 잃게 되고, 한정된 재화를 두고 서로 끊임없이 경쟁하게 됩니다. 경쟁이 심화되면 자연스레 타인과의 소통은 줄어들고 누구에게도 기댈 수 없는 상황으로 내몰리게 되는 것이지요. 작품 속의 사내는 소외와 고독을 나누기 위해 '나'와 '안 형'에게 여관방에 함께 들어가 같이 있어 달라고 부탁합니다. 하지만 '나'와 '안 형'은 결국 그의 절박한 제안을 뿌리치고 맙니다. 이러한 소설의 전개는 당대의 사회적 분위기를 상징적으로 반영하는 것입니다. 인간관계의 단절과 연대의 상실은 소설 속에 설정된 일상의 공간들에서도 낱낱이 드러납니다. 이제 시간의 날줄에 걸쳐 있는 각각의 공간들을 하나씩 따로 떼어 내어 그 공간이 지닌 의미를 생각해 보겠습니다.

익명의 도시, 서울의 거리

'선술집'이라는 말을 들어 보았나요? 말 그대로 선 채로 간단히 술을 마실 수 있는 가게를 뜻합니다. 소설의 주요 인물 3인, 즉 '나(김)'와 '안'과 '사내'가 우연히 조우하는 장소가 바로 이 선술집입니다. 밤이 되면 갑자기 거리에 나타나는, 마치 포장마차 같은 임시 건물에 불과한 곳이지요. 세 사람이 이곳에서 처음 조우한다는 설정부터 그들의 일시적이고 임시적인 인간관계를 암시하는 것입니다. 이들은 진득하게 앉아서 서로 술잔을 기울이는 것이 아니라, 잠시 머물면서 술을 마시고 얼른 떠나야 합니다. 선술집은 어떠한 유대 관계도 형성되기 어려운 공간입니다. 이러한 공간적 특징을 알고 소설을 다시 읽어 보면, 등장인물들이 왜 그토록 무의미한 대화만을 나누는지 조금 달리 보일지도 모릅니다.

이번에는 그들이 걷고 있는 길거리에 눈을 돌려 봅시다. 현대인들이 일상에서 경험하는 길은 대체로 익명의 공간입니다. 옷깃조차 스치지 못하는 수많은 사람들이 서로가 서로를 모른 채 바삐 각자의 길을 오가는 '거리'에서는 어떤 사람도 인간적인 접촉을 기대하지 않습니다. 오늘날의 길거리에서는 이렇다 할 인간관계가 생겨나지 않습니다. 주요 인물인 '나'와 '안'과 '사내'가 자신의 이름조차 밝히지 않고, 작품 속에서 끝내 익명 처리 되는 것은 이러한 길의 속성과도 무관하지 않을 것입니다.

다른 한편으로, 길은 공간과 공간을 이어 주는 관계성을 지니기도 합니다. 가령 우리가 아침에 집을 나서 학교로 갈 때 '길'은 집과 학교를 이어 주는 역할을 합니다. 두 공간의 관계에 비추어 길의 의미가 생성되기도 하는 것이지요. 그런데 '길'이 의미를 지닌 공간으로 기능하려면 목적이 있어야 합니다. 즉 길을 가는 목적, 어디로 가고 있는지 방향성이 전제되어야 한다는 얘기입니다.

그런데 이 소설 속의 세 사람은 어떨까요? 선술집을 나와 길거리로 나서자마자 그들은 느닷없이 목적지를 잊어버린 사람처럼, 이리저리 두리번거리면서 방황하기 시작합니다. 중국집에서 나왔을 때도 마찬가지입니다.

중국집을 나선 세 사람 중에 목적지가 정해진 사람은 아무도 없습니다. 사내가 어디로 가야 하겠느냐고 나와 안에게 질문을 던지지만, 두 사람은 답변하는 대신에 똑같이 서로에게 되물을 뿐입니다. 어디로 가야 하느냐고 말입니다. 세 사람은 말을 맞추어 놓기라도 한 것처럼 같은 질문을 서로 주고받습니다. 왜냐하면 길 위에 서있는 세 사람 모두 아무 데도 갈 데가 없었기 때문입니다.

그들은 이 순간 이미 길 위에서 방향을 잃고 헤매고 있습니다. 자신이 발 딛고 있는 공간의 의미를 알지 못하고, 공간이나 다른 사람들과 깊이 있는 관계를 맺지 못하는 익명적 존재로 전락하게 되는 것입니다. 또 그들이 방황을 시작하는 길의 주변 공간에는 다음과 풍경이 펼쳐지기도 합니다.

사내와 안, 그리고 '나'는 길 위에서 사방을 두리번거리면서 느릿느릿 걸어가기 시작합니다. 전봇대에 붙은 광고판이 그들의 눈에 들어옵니다. 얼핏 예뻐 보이지만 한편으로 쓸쓸한 미소를 띤 것처럼 느껴지는 여자 모델이 담겨 있는 광고판입니다. 시선을 조금 위로 옮기자 길가의 빌딩 옥상에는 소주 광고의 네온사인이 번쩍이고 있고, 그 옆에는 약을 광고하는 네온사인도 마치 경쟁하듯 깜빡거리며 빛나고 있습니다. 얼어붙은 길 위로 시선을 돌리면 마치 돌덩이처럼 거지들이 여기저기 엎드려 있는데, 사람들은 거지들을 진짜 돌덩이처럼 생각하는지 거들떠보지도 않은 채 추운 겨울 길거리를 무심하게 지나가고 있습니다.

이 장면에서 볼 수 있는 얼어붙은 겨울날의 '길'은, 냉혹한 소외의 공간입니다. 네온사인이 번쩍이는 광고판들은 소비문화가 막 자리 잡기 시작한 대도시의 전형을 보여 줍니다. 반면 경쟁에서 낙오된 거지들은 '돌덩이'처럼 길 위에 엎어져 있습니다. 사람들은 이들에게 눈길조차 주지 않고 빠르게 지나칩니다. 작가는 철저하게 익명적인 관계 속에서 타인에게 무관심하게 살아가는 현대인의 모습을 섬뜩하게 그려 냅니다. 화려한 광고판은 소외된 사람들을 보이지 않게끔 가리고 있습니다. 광고판 속 여자가 쓸쓸해 보이는 것은 그 때문입니다. 급속한 근대화가 불러온 차가운 소외와 무관심 속에서 훈훈한 인간관계란 엄두조차 낼 수 없는 것입니다.

이 작품에서 또 하나의 의미심장한 공간은 바로 '여관'입니다. 소설 속 세 사람이 최종적으로 도착한 장소인 여관은 하룻밤 잠자리를 마련하기 위한 임시적인 공간에 불과합니다. 이들이 최종적으로 도달하는 곳이 여관이라는 점은 작품의 흐름상 당연스러운 결말이겠습니다. 처음부터 끝까지 어떠한 유대 관계도 없이 내내 단절된 상태에 머물렀던 그들은 여기에서도 각각 다른 방을 쓰게 됩니다. 심지어 '사내'가 혼자 있기 무섭다며 같이 있어 달라고 간청을 하는데도 '나'와 '안'이 매몰차게 거부하며 각자의 방으로 들어가는 장면에서는 몰인정한 개인주의와 소통의 단절이 극적으로 드러납니다.

세 사람이 여관에 들어오는 장면도 한 번 더 눈여겨봐야 합니다. 이들 모두 숙박계에 이름과 주소, 나이, 직업 등을 거짓으로 기입하는데, 여관 주인은 이를 알고도 묵인합니다. 도시에 만연한 익명성에 대한 상징적 장면이 아닐까요?

결국 사내는 다음 날 아침 숨을 거둔 채로 발견되고 맙니다. 작가 김승옥은 이러한 결말을 통해 극단적인 인간소외와 단절된 인간관계 등에 내몰린 근대적 개인이 끝내 그것을 극복하지 못하고 있음을 보여 줍니다.

그리고 그 밖의 공간들

짧은 분량에도 불구하고, 이 소설에서는 이밖에도 많은 공간이 등장합니다. '나'가 익명성 뒤에 숨어서 타인을 희롱하는 '만원 버스', 칸막이로 이루어져 소통이 부자유스러운 '중국 요릿집', 죽은 아내를 두고 비정한 거래가 이루어졌던 '세브란스병원'도 중요한 공간입니다. 불타고 있는 건물을 구경하러 모인 '화재 현장' 또한 빼놓을 수 없겠습니다. 일련의 공간들은 모두 개인주의적이고 무기력한 당시 사람들의 모습을 보여 주는 배경입니다. 요컨대 이 작품은 '1964년'이라는 시대상과 교차하는 수많은 공간을 보여 줌으로써 현대 도시 문명 속에서 소외된 인간의 의식을 다층적으로 드러내고 있습니다.

AI에게 물어봐!

김승옥의 소설 「서울 1964년 겨울」을 영화로 제작하고
자 AI에게 조언을 구하려 한다. 작품 속 주요 배역에 어울
리는 배우를 캐스팅하려고 하는데, 적절한 질문을 던지
면서 후보를 추천받아 보자.

 김승옥의 단편소설 「서울 1964년 겨울」을 영화화하려고 해. 주
요 인물 3인의 배역에 어울리는 배우를 추천해 줄 수 있을까?

 (AI의 답변 바탕으로 요약)

주인공 (남자) – '나'

• 이병헌: 깊은 감정 표현이 가능하고, 복잡한 내면을 잘 전달
할 수 있는 배우입니다.

• 정해인: 젊은 감성과 진솔한 연기로 주인공의 고뇌를 잘 표
현할 수 있을 것입니다.

여자 주인공 (여자) – '그녀'

• 김고은: 섬세한 감정 연기를 통해 인물의 복잡한 심리를 잘
드러낼 수 있는 배우입니다.

• 한지민: 따뜻하면서도 강인한 캐릭터를 소화할 수 있는 배
우로, 감정선이 잘 맞을 것 같습니다.

주변 인물 (남자) – '그 친구'

• 박서준: 친구의 역할을 통해 유머와 진지함을 동시에 표현
할 수 있는 재능 있는 배우입니다.

• 이준기: 강렬한 존재감과 다양한 캐릭터를 소화할 수 있는
능력을 가진 배우입니다.

이 소설에 여자 주인공은 따로 없어! 작품 속 주요 인물 3인의 정보를 좀 더 구체적으로 제시해 줄게. 연령까지 고려해서 어울리는 배우들을 추천해 줘.

– 나: 25세. 육군사관학교를 지원했다가 떨어졌다. '사내'와 엮이지 않기 위해 숙박계에 거짓 정보를 쓴다.

– 안: 25세. 대학원생이자 부잣집 자식이다. 결말에서 죽은 사내를 두고 빨리 여관에서 도망치자고 한다.

– 사내: 30대 중후반. 죽은 아내의 시체를 병원에 해부용으로 판다. 죄책감으로 인하여 아내의 시신을 판 돈을 아무렇게나 다 쓰고 여관 방에서 스스로 목숨을 끊는다.

(AI의 답변 바탕으로 요약)

'나' (25세)

- 정해인: 진술한 연기로 고뇌와 갈등을 잘 표현할 수 있는 배우입니다.
- 강태오: 내면의 복잡한 감정을 잘 드러낼 수 있는 배우로, 청년의 고독함을 잘 표현할 수 있습니다.

'안' (25세)

- 송강: 부잣집 자식의 지적이고 세련된 이미지를 잘 살릴 수 있는 배우입니다.
- 최우식: 다양한 감정을 섬세하게 표현할 수 있어 친구와의 갈등을 잘 드러낼 수 있습니다.

'사내' (30대 중후반)

- 이정재: 중후한 매력을 지니고 있으며, 복잡한 심리 상태를 깊이 있게 표현할 수 있는 배우입니다.
- 조정석: 감정의 깊이를 잘 전달할 수 있는 능력이 있어 인물의 아픔과 죄책감을 잘 표현할 수 있습니다.

6

"바보야, 문제는 부동산이야", '소설 속' 문제를 '현실 속' 전문가의 렌즈로 읽다

#부동산 #아파트 #사회문제

"모든 국민은 건강하고 쾌적한 환경에서 생활할 권리를 가지며, (…) 국가는 주택개발정책 등을 통하여 모든 국민이 쾌적한 주거생활을 할 수 있도록 노력하여야 한다." 우리나라 헌법 제35조의 내용입니다. 그런데 곰곰 생각해 보니 고개가 갸우뚱해집니다. 지금 우리 국민들은 과연 헌법 정신에 맞게 주거권을 보장받고 있을까요? 한국의 부동산 문제는 어제오늘의 일이 아닙니다. 부동산 시세는 시시때때로 요동치고, 그럴 때마다 사람들은 노심초사하며 추이를 지켜봅니다. 집값은 단기적으로는 등락을 반복하지만, 결국에는 하늘 높은 줄 모르고 높아집니다. 왜 이런 현상이 생기는 걸까요? 부동산 급등 현상에는 여러 가지 원인이 있습니다. 주택 공급이 수요에 비해 부족하기도 하고, 시세 차익을 통해 돈을 벌어 보려는 투기 수요가 몰려서이기도 합니다. 일단 사 두면 장기적으로는 집값이 오른다는 사람들의 심리에 기초한 '부동산 불패 신화' 또한 한 가지 원인입니다.

　'영혼까지 끌어모아 집을 산다'는 '영끌'이라는 말도 이제 전혀 낯설지 않습니다. 정부는 서민들의 삶에 직결되는 부동산 문제를 해결하기 위해 새로운 부동산 정책을 쉬지 않고 쏟아내지만 부동산과 맞물려 있는 다양한 사회문제를 해결하기에는 턱없이 부족한 땜질식 처방에 그칠 뿐입니다. 그렇다면 문학에서는 땅과 집에 얽힌 사회문제를 어떻게 다루고 있을까요?

사람에게는 얼마만큼의 땅이 필요할까?

러시아의 대문호 톨스토이는 「사람에게는 얼마만큼의 땅이 필요한가」(1886)에서 부동산에 대한 인간의 탐욕이 얼마나 부질없는 것인지 우화적으로 넌지시 풍자하고 있습니다. 소설의 주인공 '파홈'은 남의 땅을 빌려 농사를 짓는 소작농입니다. 그는 자기 땅을 가질 수 있기를 늘 갈망하며 살았습니다.

그러던 어느 날, 파홈은 아주 싼값에 비옥하고 넓은 땅을 마련할 기회를 얻습니다. 해가 뜰 때 출발하여 해가 질 때까지, 걸어갔다 돌아오는 만큼의 땅을 주겠다는 거래에 응한 것입니다. 파홈은 동이 트자마자 땅을 차지하기 위해 서두르기 시작합니다. 멀리 가면 갈수록 비옥한 땅이 널려 있었습니다. 파홈은 피곤이 쏟아져도 참아 내며 걷고 뛰었습니다. 이 땅이 모두 내 땅이 될 것이라는 생각에 쉬지 않고 걸었지요. 그러다 너무 멀리 가서 해가 질 때까지 돌아가기 어려워졌습니다. 파홈은 젖 먹던 힘까지 쥐어짜 가까스로 출발지에 도착할 수 있었지만, 그만 피를 토하고 그 자리에서 죽고 말았습니다. 자기 몫이 되어야 할 땅을 앞에 둔 채로요. 파홈은 결국 제 몸 하나 겨우 누일 좁은 땅에 묻히고 맙니다.

톨스토이는 이 짧은 소설을 통해 사람들에게 묻습니다. 한 사람에게 필요한 땅은 이 정도면 족할 것을 왜 그렇게 땅과 집에 집착하느냐고요. 아파트가 이렇게 많은데, 왜 수많은 사람들이 제 몸 하나 편히 누일 집을 찾지 못해 고통받을까요? 부동산 문제에 대한 전문가들의 시선은 어떨까요? 한국의 작가들은 부동산을 향한 사람들의 욕망과 고통을 어떻게 문학으로 다루었을까요?

예나 지금이나 변함없이 솔깃한 부동산 투기

부동산 투기 현상은 산업화 시대 이후에야 생겨난 사회문제라고 얼핏 생각하기 쉽겠지만, 우리 문학작품을 들여다보면 부동산 투기를 통해 한몫 잡아 보려는 인간의 욕망은 예나 지금이나 똑같아 보입니다. 일제강점기였던 1937년에 발표된 이태준의 「복덕방」이라는 단편소설을 보면 '땅'에 대한 당대 사람들의 인식을 엿볼 수 있습니다.

1년이 지났다.

모두 꿈이었다. 꿈이라도 너무 악한 꿈이었다. 삼천 원어치 땅을 사 놓고 날마다 신문을 훑어보며 수소문을 하여도 거기는 축항이 된단 말이 신문에도, 소문에도 나지 않았다. 용당포(龍塘浦)와 다사도(多獅島)에는 땅값이 30배가 올랐느니 50배가 올랐느니 하고 졸부들이 생겼다는 소문이 있어도 여기는 감감소식일 뿐 아니라 나중에, 역시 이것도 박희완 영감을 통해 알고 보니 그 관변 모 씨에게 박희완 영감부터 속아떨어진 것이었다. 축항 후보지로 측량까지 하기는 하였으나 무슨 결점으로인지 중지되고 마는 바람에 너무 기민하게 거기다 땅을 샀던, 그 모 씨가 그 땅 처치에 곤란하여 꾸민 연극이었다.

돈을 쓸 때는 1원짜리 한 장 만져도 못 봤지만 벼락은 초시에게 떨어졌다. 서너 끼씩 굶어도 밥 먹을 정신이 나지도 않았거니와 밥을 먹으러 들어갈 수도 없었다.

"재물이란 친자 간의 의리도 배추 밑 도리듯 하는 건가?"

탄식할 뿐이었다.

— 이태준, 「복덕방」에서

어느 날 부동산 투자에 관한 정보를 박 영감으로부터 들은 '안초시'는 딸과 상의하여 힘들게 마련한 '삼천 원'을 '땅'에 투자했지만, 항구가 들어서게 된다는 소문과 달리 시간이 흘러도 개발 소식은 전혀 들려오지 않습니다. 알고 보니, 박 영감이 들은 정보는 항구가 들어서지 않을 것임을 미리 알게 된 원래 주인이 자기 땅을 처분하기 위해 벌인 사기극이었습니다. 딸에게 비난까지 받게 된 안 초시는 "재물이란 친자 간의 의리"도 아무 소용없음을 한탄하다가 결국 스스로 목숨을 끊고 맙니다. 이태준은 땅을 생산력의 수단이나 사람이 딛고 사는 공간으로 여기지 않고 불확실한 투기 대상으로 여긴 자의 비참한 말로를 마치 오늘날의 현실처럼 생생하게 보여 주고 있습니다.

'난쟁이'가 원한 것은 입주권이 아니라 생존권

우리 사회에서 땅과 집이 야기하는 문제는 비단 부동산 '투기'에만 국한되지 않습니다. '재개발'이라는 화려한 간판의 뒤에는 어두운 그림자가 절박하게 드리워져 있습니다.

우리 문학작품 중에는 재개발·재건축 사업에 대한 전문가의 냉철한 분석이 필요한 장면이 여럿 있습니다. 실제로도 재개발이나 재건축 사업을 통해 이득을 취하는 것은 일부 부유층이고, 그곳에 살던 서민들은 결국 삶의 터전을 잃게 되는 문제가 빈번하게 발생합니다. 동네를 더 살기 좋게 만들어 주민들의 삶의 질을 개선한다는 사업의 원래 취지에서 벗어나, 오히려 원주민들이 동네를 떠나고 마는 모순이 발생하고 있습니다. 이는 재개발이 주민들의 의사와 다르게 진행되는 까닭입니다.

1976년에 발표된 조세희의 「난쟁이가 쏘아올린 작은 공」을 봅시다. 재개발을 앞둔 동네에서 강제로 철거당하는 난쟁이 가족의 이야기는 산업화의 물결 속에서 삶의 터전을 잃고 몰락해 가는 도시 빈민의 모습을 그대로 반영하고 있습니다.

낙원구 행복동의 도시 빈민이었던 난쟁이 가족은 매일을 전쟁처럼 힘겨운 생활을 하며 버팁니다. 그들은 언젠가 형편이 나아질 것이라는 꿈을 잃지 않으며 오순도순 살아갑니다. 그런데 어느날 소문으로만 듣던 '철거 계고장'이 배달되면서 난쟁이 가족의 삶은 더욱 힘겨워지기 시작합니다. '철거 계고장'에는 '지금 살던 곳을 강제로 철거하겠으니 곧 짐을 싸서 떠나라'는 국가의 일방적인 경고가 담겨 있습니다. 하지만 그들에겐 지금 살던 곳 말고는 마땅히 갈 곳이 없습니다. 재개발이 되면 번듯한 아파트가 들어설 테지만, 도시 빈민들에게는 그곳에 입주할 돈이 없습니다. 이들은 헐값에 입주권을 팔아 치우고 살던 곳을 떠나는 수밖에 없습니다.

재개발이 되어도 아파트에 입주할 돈이 없어 쫓겨나게 된 영호네 가족은, 강제 철거를 하겠다는 구청의 경고장을 받아 들고 망

연자실할 수밖에 없습니다. 영호네 가족에겐 고가의 아파트가 필요했던 게 아닙니다. 온가족이 오순도순 함께 머물 한 칸의 공간으로도 족했습니다. '행복동'의 재개발 계획에는 '집'에 대한 영호네 가족의 입장이 전혀 반영되지 않았습니다. 사회에서 소외된 빈민의 상징인 '난쟁이' 아버지는 그런 비정한 사회를 향해 맨몸으로 저항합니다.

이런 처절한 장면은 소설에서만 벌어지는 일이 아닙니다. 심지어 먼 옛날 일도 아니지요. 2009년에는 이 소설의 내용을 닮은 일이 현실에서 그대로 일어났습니다. 마치 소설을 배경만 옮겨 각색이라도 한 듯이요. 바로 '용산 참사'라고 불리는 사건입니다.

당시 주민들은 원 거주자나 세입자에 대한 서울시의 보상 대책이 턱없이 부족하다고 느꼈습니다. 이에 강제 철거를 막기 위해 건물 안에서 농성에 나서지만, 경찰은 아랑곳 않고 건물 진입과 강제 철거에 나섰습니다. 그러던 중 화재가 발생하여 주민 5명과 경찰 1명이 숨지는 참사가 벌어지고 만 것입니다. 소설 속 '난쟁이'처럼 온몸으로 저항했던 어떤 유가족은 이렇게 말합니다. "보상금을 더 받기 위해서 싸운 게 아닙니다. 우리는 살고 싶어서 싸웠습니다."

'땅'과 '집'을 향한 사람들의 욕망과 이를 둘러싼 갈등은 책 속에서만 일어나는 일이 아니라 엄연히 현실에서 벌어지는 일입니다. 소설 속에서 그러했듯이, 현실 속에서도 살 곳을 잃는 사람들이 속출하고 있습니다. 왜 그토록 많은 집을 두고도 사람들은 살 곳이 없을까요? 우리에게 정말로 필요한 '땅'과 '집'은 어떤 모습이어야 할까요?

공공 임대주택을 늘려라!

우리나라의 주택 시장은 크게 셋으로 나뉩니다. 집을 사고파는 매매 시장, 그리고 전월세 같은 계약이 이루어지는 민간 임대 시장, 그리고 국가나 지자체가 관리하는 공공 임대 시장이 그것입니다. 그중 대부분의 계약이 매매 시장과 민간 임대 시장에 집중되어 90퍼센트 이상을 차지하고 있지요.

민간 영역에서 사람들의 기본적인 주거 문제가 해결된다면 아무런 문제도 없겠지만, 현실은 그렇지 않습니다. 2024년 기준 한국의 PIR(가구 소득 대비 주택 가격 배율)은 무려 24.9배로, 선진국 중에 가장 심각한 수준입니다. 일반적으로 가정에서 벌어들이는 소득을 24.9년 동안 꼬박 모아야 겨우 머물 만한 집 한 채를 살 수 있다는 얘기입니다. 불안정한 주거 문제는 나날이 추락하는 출산율의 원인 중 하나로도 꼽힙니다.

국민들의 행복한 주거 생활을 위해 국가가 노력해야 한다는 헌법의 취지를 떠올려 보면, 공공 임대 시장 비중이 지금보다는 커야 하지 않을까요? 정부에서는 공공 임대 비율이 세계에서 상위권이라고 주장하지만, '내 집 마련'이 사실상 '그림의 떡'이 된 우리나라의 형편을 고려하면 비중을 더 늘려야 한다고 전문가들은 이야기합니다. 일부에서는 정부가 내놓은 수치 자체가 잘못 되었다는 지적을 하기도 합니다. 전문가들은 공공 임대의 비중을 지금보다 획기적으로 늘려야 할 뿐 아니라, 질적으로도 훌륭한 주택들을 공급해서 안정적인 주거권을 확보해야 한다고 입을 모아 말합니다.

재개발, 재건축으로 인해 오래 전부터 머물렀던 보금자리를 떠나야 하는 '난쟁이 가족'에게 실제로 행사할 수도 없는 '입주권' 대신에 국가에서 공공 임대주택을 주선해 주었다면 어땠을까요? 소설 속에서 일어난 참담한 비극은 아마도 일어나지 않았을 수도 있습니다.

'편의'보다 '소통'이 있는 아파트

「난쟁이가 쏘아올린 작은 공」에서 영호네 가족이 살던 지옥 같던 동네가 아이러니하게도 '낙원구 행복동'이었던 것처럼, 박완서의 「옥상의 민들레꽃」(1980)에서도 '나'가 살고 있는 아파트의 이름은 '궁전 아파트'입니다. 하지만 실상은 입주민 중에 두 사람이나 자살을 한 곳이지요. 궁전 아파트 주민들은 집값이 떨어질까 전전긍긍하고 있습니다. 최고급 시설을 갖춘 궁전 아파트에 살고 있으면서도 사람들은 왜 행복하지 않을까요? 아파트 가격이 비싸고 편의 시설이 많다고 꼭 살기 좋은 아파트가 되는 것은 아닌가 봅니다. 물론 남들의 부러움을 산다고 내 삶이 더 나아지는 것도 아닐 것입니다.

우리 궁전 아파트는 살기가 편하고 시설이 고급이고 환경이 아름답기로 이름이 난 아파트입니다. 우리나라에서 나는 물건은 물론 외국에서 들어온 물건까지 없는 거 없이 갖추어 놓은 슈퍼마켓도 있고, 어린이를 위한 널찍한 놀이터도 있고 아름다운 공원도 있고, 노인들을 위한 정자도 있고, 사람의 힘으로 만든 푸른 연못도 있습니다. 누가 너 어디 사냐? 하고 물었을 때 궁전 아파트에 산다고 하면 물은 사람의 얼굴에 담빡 부러워하는 빛이 역력해집니다. 그리고 한숨을 쉬며 말합니다.

"참 좋겠다. 우린 언제 그런데 살아 보누."

그러니까 궁전 아파트에 살지 않는 사람들은 궁전 아파트에 사는 사람이 행복하다는 걸 아무도 의심하지 않나 봅니다. 그렇게 믿고 있는 사람들을 실망시키지 않기 위해서도 궁전 아파트에 사는 사람들은 모두모두 행복할 수밖에 없습니다.

그런데 이게 웬일입니까. 벌써 두 사람째나 살기가 싫어서 스스로 목숨을 끊었습니다. 얼마나 사는 게 행복하지 않으면 스스로 목숨을 끊고 싶어지나 궁전 아파트 사람들은 상상도 할 수 없습니다. 궁전 아파트 사람이 알 수 있는 건 앞으로 이런 일이 다시는 일어나선 안 된다는 겁니다. 이런 일이 자꾸 일어나 소문이 퍼져 보십시오. 사람들은 궁전 아파트 사람들의 행복이 가짜일 거라고 의심할지도 모릅니다. 그렇게 되면 큰일입니다. 그런 생각만으로도 궁전 아파트 사람들은 담빡 불행해지고 맙니다.

－ 박완서,「옥상의 민들레꽃」에서

아파트의 주민들은 회의를 엽니다. 7층 할머니가 베란다에서 뛰어내리는 사건이 벌어진 탓입니다. 주민들은 과연 궁전 아파트의 문제점을 찾아 제대로 된 해결책을 마련할 수 있었을까요?

현실의 건축 전문가들은 아파트가 가진 폐쇄성과 획일성, 그리고 배타성을 문제점으로 지적합니다. 도시 건축가 김진애는 자신의 책에서 아파트 단지를 대규모로 개발하지 말고, 되도록 작은 단위로 아파트를 건설하자고 이야기합니다. 아파트 단지를 한꺼번에 완성하지 말고 차근차근 지어 나가면서 여러 가지 주택 유형을 섞어 놓아 다양성을 확보하자는 것입니다. 또 아파트 단지를 건설할 때 사람과 차량이 다닐 수 있는 크고 작은 길을 많이 만들고, 담장을 둘러치지 않아야 주변 이웃과 활발히 소통할 수 있다고도 주장합니다.

또 다른 건축가 유현준은 『도시는 무엇으로 사는가』(2015)에서 우리나라의 아파트들이 개인의 프라이버시를 지나치게 존중하는 폐쇄적인 방식으로 설계되어 있음을 지적합니다. 각자 방으로 들어가면 소통이 전혀 불가능한 상태가 된다는 것이지요. 이와 달리 우리 민족의 전통적인 가옥 구조에서는 모든 방이 마당을 통해 연결되어 있습니다. 유현준은 이러한 한옥의 구조에 착안하여, 아파트에서도 거실을 중심으로 모든 방이 소통할 수 있는 구조를 만들어 보자고 제안합니다. 지금은 모든 방마다 바깥쪽으로만 창문을 내고 있는데, 거실 쪽으로도 창문을 내면 어떻겠느냐는 것이지요.

각자의 방으로 들어가 방문을 닫아 버리면 가족들 간에도 서로가 완전히 단절되어 버리는 단점을 간파한 건축 아이디어가 아닐까 싶습니다. 물론 아무리 가족이라도 사생활은 보호받아야 하는 것이 아닌가 하는 친구들도 있을 것입니다. 여러분은 어떻게 생각하나요?

궁전 아파트의 노인들은 왜 잇달아 자살했을까요? 이웃은 물론이고 심지어 가족과도 소통하지 못하는 아파트의 물리적 구조가 그들에게 심리적 압박으로 다가온 건 아닐까요? 위에서 언급한 전문가들의 의견이 반영된 아파트가 만약 실제로 건설된다면 그곳에 거주하는 사람들도 소설 속 인물들처럼 고통을 호소할까요? 소설은 현실을 반영하는 허구입니다. 사람들이 늘 피부로 느끼면서도 명확히 의식하지 못하는 사회문제를 실감나게 보여 주는 기능을 합니다. 하지만 명확한 해결책을 제시하지는 못하지요. '소설 속'에서 포착한 문제의식에서 나아가 '현실 속' 전문가들의 의견을 찾아보는 건 어떨까요? 색다른 문학 감상의 경험이 될 것입니다.

AI에게 물어봐!

조세희의 「난쟁이가 쏘아올린 작은 공」에 나타난 한국 사회의 부동산 문제를 AI에게 물어보고, 이를 국토부 장관의 입장에서 어떤 정책으로 해결할 수 있을지 확인해 보자. 정책의 부작용이나 현실성 등 다양한 측면을 고려하며 질문해 보자.

> 네가 만약 한국의 국토부 장관이라면, 조세희의 소설 「난쟁이가 쏘아 올린 작은 공」에 나타난 한국의 부동산 문제를 어떤 정책으로 해결할 거야?

 (AI의 답변 바탕으로 요약)

1. 공공 주택 확대와 임대료 규제

- 공공 주택 공급 확대: 소득 수준이 낮은 가구를 대상으로 저렴한 공공 주택을 대규모로 공급해, 임대료 상승을 억제하고 안정적인 거주 환경을 제공할 수 있어.
- 임대료 상한제 도입: 민간 임대 시장에서 과도한 임대료 상승을 막기 위해 임대료 상한제를 시행해, 불합리한 주거비 부담을 줄일 수 있어.

2. 도시 재개발의 공공성 강화

- 재개발 과정에서 주민 참여 강화: 재개발 과정에서 원주민이 강제 이주당하지 않도록, 주민들의 의견을 반영하고 이주 대책을 마련하는 공공 이익 중심의 재개발을 추진해야 해.
- 주거권 보장: 개발 이익이 부동산 투기 세력에게만 돌아가

지 않도록, 재개발 지역 주민들에게 저렴한 대체 주택을 제공하는 등의 주거권 보장 정책을 강화해야 해.

3. 부동산 투기 억제

- 토지 투기 규제: 특정 지역에서 부동산 가격이 급등하는 것을 방지하기 위해 투기 지역으로 지정하고, 부동산 거래에 대한 세금을 강화할 수 있어.
- 공시지가 현실화 및 보유세 강화: 공시지가를 실거래가에 맞게 조정하고, 다주택자와 투기 목적의 부동산 보유자에게 높은 보유세를 부과해 부동산 투기를 억제할 수 있어.

 임대료 상한제는 재산권에 대한 과도한 침해 아닐까? 임대료 상한제를 실제로 시행한 사례와 이에 얽힌 쟁점을 좀 더 구체적으로 알려 줘!

 (AI의 답변 바탕으로 요약)

임대료 상한제 도입 사례

- 독일: 독일은 임대료 상한제를 도입한 대표적인 나라야. 주요 도시에서 2015년부터 시행된 이 제도는 민간 임대 시장에서 임대료 인상률을 제한하고 있어.
- 프랑스: 프랑스 파리 등 주요 도시에서도 비슷한 임대료 규제를 통해 세입자 보호를 강화하고 있어. 임대료의 급격한 상승을 억제하고, 주거 비용을 줄이기 위해 정부가 직접 개입하는 방식이야.

임대료 상한제에 얽힌 쟁점

- 재산권 침해 문제: 집주인들은 임대료 상한제가 자신의 재산권을 제한한다고 주장해. 주택을 소유한 사람은 자유롭게

임대료를 책정하고, 시장 상황에 맞게 임대 수익을 올릴 권리가 있는데, 상한제를 통해 임대료를 억제하면 이익을 충분히 얻지 못한다는 비판이 있어.

- **주택 공급 감소**: 임대료 상한제가 도입되면 집주인들이 수익성이 떨어진다고 판단해 임대용 주택 공급을 줄일 수 있어. 이로 인해 주택 공급이 감소하고, 임대주택의 질도 떨어질 위험이 있다는 지적이 존재해.

- **부작용**: 임대료를 법적으로 제한하다 보니, 집주인과 세입자 간에 음성적인 거래가 증가할 수 있어. 예를 들어, 계약서 상에는 법적 상한선에 맞는 임대료를 적고, 그 외에 추가적인 금액을 세입자에게 요구하는 식의 불법적인 거래가 발생할 가능성이 있어.

- **임대료 상한제의 필요성**: 반면, 임대료가 폭등하는 상황에서 사회적 불평등을 해소하고, 주거비로 인한 경제적 부담을 줄이기 위해 임대료 상한제가 필요하다는 주장도 있어. 특히 대도시에서의 급격한 임대료 상승은 저소득층과 중산층의 주거 불안을 초래하기 때문에 이를 막을 정책이 요구돼.

주거권은 사회적 권리로서 중요하게 여겨지며, 사회적 약자를 보호하는 측면에서 주거 안정성이 강조되고 있어.

임대료 상한제는 필요한 면도 있지만, 임대업의 매력을 떨어뜨리고 불법적인 거래가 활성화되는 등의 부작용을 야기할 수 있구나. 그럼 이런 문제에는 어떻게 대처할 수 있을까?

(AI의 답변 바탕으로 요약)

주택 공급 감소 문제 해결

- 공공 임대주택 확대: 정부 주도의 공공 임대주택을 대폭 확대해 민간 임대시장의 부담을 덜고, 저렴하고 질 좋은 주택을 제공해야 합니다.
- 임대업 지원 정책: 임대업자에게 세제 혜택을 제공하거나 리모델링 지원금을 지급하는 등 임대 사업을 장려해야 합니다.
- 장기임대주택 프로그램 활성화: 장기 계약을 유도하고 안정적인 수익을 보장하는 프로그램을 강화합니다.

음성적인 거래 방지

- 계약 투명성 강화: 모든 임대 계약을 등록 의무화하고, 디지털화된 표준 임대차 계약 시스템을 도입해 거래를 실시간으로 감시합니다.
- 임대료 등록제 도입: 지역별로 임대료 수준을 기록하고 공개하는 시스템을 운영하여 세입자와 집주인 모두에게 시장 정보를 제공합니다.
- 감시 및 신고 제도 활성화: 음성적 거래를 신고할 수 있는 익명 플랫폼을 구축하고, 신고자에게 인센티브를 제공합니다.
- 처벌 강화: 불법적인 임대료 초과 청구 행위에 대해 강력한 처벌 규정을 마련합니다.

시장 왜곡 방지

- 시장에 따른 유연한 상한제 설계: 특정 지역이나 특정 소득 계층에 따라 임대료 상한제의 범위와 적용 기준을 조정해 과도한 시장 왜곡을 방지합니다.
- 민간 임대업자와의 협의체 구성: 정책 도입 전에 민간 임대업자들과 협의하여 현실적이고 실행 가능한 기준을 정합니다.

3교시

나란히 겹쳐 보면 더 재밌는 국어 시간

국어 × 예술 · 문화

7

"MBTI를 맞혀 봐",
내가 좋아하는 캐릭터가
MBTI 검사를 한다면

#MBTI #바넘 효과 #성격 유형

이 장에서 다룰 작품 목록

현대소설	이효석, 「메밀꽃 필 무렵」
고전소설	허균, 『홍길동전』 작자 미상, 『전우치전』

인터넷에 돌아다니는 각종 심리 테스트를 해 본 적이 있나요? 아마 결과지를 받아 들고서 깜짝 놀랐을 것입니다. 자신의 실제 성격과 너무 비슷해서요. 사실 그런 테스트들을 곰곰이 따져 보면 누구에게나 적용될 수 있는 뻔한 이야기일 때가 많습니다. 그런데도 우리는 그것이 우리의 성격을 정확히 설명해 준다고 믿고 싶어 하지요. 이를 심리학 용어로 '바넘 효과'라고 합니다.

혈액형에 기초한 성격 설명이 유행하던 시절을 지나, 요즘에는 MBTI 검사가 널리 유행하고 있습니다. 비록 유형이 4가지에서 16가지로 늘어났다고는 해도, MBTI 검사를 지나치게 믿는 건 역시 바넘 효과일지도 모릅니다. 사람의 성격은 수시로 바뀌기도 하고, 한 사람이 원래 여러 가지 성격을 가지고 있기도 하니 자신의 정체성을 고정시켜 맹신하는 태도는 주의해야 합니다.

마냥 믿을 수만은 없는 심리 검사임에도 불구하고, MBTI는 재미있는 이야깃거리로서 사람들에게 사랑받고 있습니다. 게다가 여러분이 좋아하는 영화나 드라마, 문학작품 속의 캐릭터를 분석할 때에도 MBTI는 유용한 도구가 될 수 있습니다. 이전에는 수동적으로 훑어보고 말던 캐릭터들의 세세한 특성과 행동을 더욱 능동적으로, 주의 깊게 살펴볼 수도 있겠지요. 여러분의 성격은 어떤 캐릭터와 비슷하고 다른가요? 그 캐릭터가 MBTI 검사를 한다면 어떤 결과가 나올까요?

허 생원과 동이는 '성격'이 닮았다

앞서 「메밀꽃 필 무렵」을 살펴보면서, 과연 동이가 정말로 허생원의 아들인지 알아내기 위해 유전학적인 지식을 활용해 보았습니다. 그 결과 허 생원의 확신을 뒷받침해 줄 과학적 증거는 마땅치 않다는 점을 확인했습니다. 그런데 심리 유형을 통해 두 사람의 성격을 분석해 보면 어떨까요? 이번에도 같은 결론이 나올까요?

MBTI는 '외향(E) 대 내향(I)', '감각(S) 대 직관(N)', '사고(T) 대 감정(F)', '판단(J) 대 인식(P)'이라는 네 가지 기준을 중심으로 성격 특성을 조합하여 결과를 도출하는 테스트입니다. 하나씩 따져 볼까요? 자, 먼저 허 생원은 '외향'보다는 '내향'에 속한다고 볼 수 있을 것입니다.

호탕스럽게 놀았다고는 하여도 계집 하나 후려 보지는 못하였다. 계집이란 쌀쌀하고 매정한 것이었다. 평생 인연이 없는 것이라고 신세가 서글퍼졌다. 일신에 가까운 것이라고는 언제나 변함없는 한 필의 당나귀였다.

그렇다고는 하여도 꼭 한 번의 첫 일을 잊을 수는 없었다. 뒤에도 처음에도 없는 단 한 번의 괴이한 인연! 봉평에 다니기 시작한 젊은 시절의 일이었으나, 그것을 생각할 적만은 그도 산 보람을 느꼈다.

- 이효석, 「메밀꽃 필 무렵」에서

허 생원은 대인 관계가 그리 폭넓거나 사교적이지 못합니다. 전형적인 내향인인 셈입니다. 하지만 그에게도 잊지 못할 단 한 번의 추억이 있었으니, 젊은 시절의 그 경험만큼은 소중하고 또 소중하게 간직합니다. 게다가 허 생원은 메밀밭의 풍경을 섬세하게 포착하는 등 상상에 기초한 직관보다는 경험한 감각을 중시하는 것으로 보이지요. 또 허 생원이 먼 미래를 지향하기보다 과거의 추억을 먹고 살면서 현실의 삶에 충실한 편이라는 점에서도 '감각'의 소유자가 확실해 보입니다.

이제 나머지 측면에서 허 생원의 성격을 살펴봅시다. 허 생원은 처음에는 화를 내며 동이를 쫓아내지만, 자신의 나귀를 생각해 주는 동이의 마음씨를 느끼고서는 금방 마음을 바꿔 동이를 살갑게 대합니다. 허 생원은 사람과의 관계를 중시하며 주변 상황을 고려하여 대상을 판단하고 우호적이고 공감을 잘하는 사람입니다. 이는 전형적인 '감정' 유형의 특징이지요.

마지막으로 생활양식 측면에서는 어떨까요? 허 생원은 장돌뱅이의 삶을 살아왔습니다. 장돌뱅이는 정처가 없습니다. 발길 닿는 대로 향하는 그의 삶에 체계적인 계획이 있을 리 없겠지요. 뚜렷한 삶의 목적이나 방향이 정해져 있는 것 같지도 않습니다. 일정은 상황에 따라 얼마든지 변경 가능합니다. 소설의 마지막 부분에서 허 생원은 일정에도 없었던 제천행을 갑자기 결심하는데, 그날 밤 동이의 말을 듣고 혹시나 성 서방네 처녀를 만날 수 있을지 모른다는 막연한 기대가 생겼기 때문입니다. MBTI 검사에서 '인식' 유형은 '판단' 유형보다 훨씬 즉흥적이라고 하니, 허 생원은 '인식' 유형이라고 할 수 있겠습니다. 이를 종합하면 허 생원의 MBTI는 'ISFP'에 해당하는 듯합니다. ISFP의 별명은 '성인군자형'이라고 하니, 남을 해코지 못 하고, 한번 맺은 인연을 소중히 여기며, 선량하게 살아가는 허 생원에게 딱 맞는 성격인 것 같습니다.

이제 허 생원이 아들이라고 믿는 '동이'의 MBTI를 분석해 볼까요? 동이는 허 생원이나 조 선달이 먼저 말을 걸어 주기 전까지는 아무 말 없이 두 사람을 뒤쫓기만 합니다. 그뿐만 아니라 소설 전반에 걸쳐 동이는 '외향'보다는 '내향'의 성격 유형을 일관되게 보여 줍니다. 또한 허 생원의 나귀가 곤경에 처했을 때 즉시 상황에 대처하는 모습을 보여 주는 것으로 보아, 동이는 매우 현실적인 인물이기도 합니다. 따라서 동이는 '감각'에 해당하는 성격을 가지고 있다고 볼 수 있습니다.

게다가 밤길을 동행하다 물에 빠진 허 생원을 살뜰히 챙긴 것으로 볼 때, 동이가 사람과의 관계를 중히 여기고 우호적인 사람이라는 것도 알 수 있지요. 이쯤 되면 '감정' 유형이라고 말해도 될 듯합니다. 끝으로 갑작스럽게 제천으로 행로를 변경하려는 허 생원의 제안에 무언의 동의를 해 준 것으로 보아, 동이 역시 계획적으로 '판단'을 내리기보다는 주어진 상황을 인정하고 적응하는 '인식' 유형에 가깝다는 것을 알 수 있습니다. 혹시 눈치채셨나요? 동이도 바로 'ISFP'였던 것입니다. 허 생원은 동이가 왼손잡이라는 이유로 자신의 혈육이라고 믿고 있지만, 정작 더 똑같은 것은 바로 MBTI 검사로 도출한 둘의 성격 유형인지도 모릅니다. '부전자전'이라는 말이 MBTI에도 적용될 수 있을까요?

알고 보면 전혀 다른 '홍길동'과 '전우치'

널리 알려진 캐릭터, 『홍길동전』의 주인공 '홍길동'은 '내향'보다는 '외향'에 가까워 보입니다. 차별받았던 자신의 불만을 온 세상에 적극적으로 표현한 점, '활빈당'이라는 조직을 구성하여 주도적으로 운영하였던 점 등을 근거로 댈 수 있겠습니다. 다음으로 현재와는 다른 미래를 꿈꾼다는 점에서는 '감각'보다는 '직관'에 해당하는 것 같습니다. 그는 '적서(嫡庶) 차별'이라는 사회적 병폐를 해결하고자 미래지향적인 비전을 제시하는 인물이니까요.

한편 홍길동은 '감정'보다는 '사고'가 앞서는 사람 같습니다. 객관적인 원칙을 앞세워 위정자의 도리를 다하지 않는 탐관오리를 벌한다든지, 자신을 암살하러 온 자객을 냉철하게 꾸짖는 장면 등을 보았을 때 말입니다. 이제 마지막 기준만 남았는데, 결론을 내리기 전에 『홍길동전』의 한 장면을 살펴봅시다. 홍길동이 율도국 주위를 시찰한 후 소굴로 돌아와 이야기하는 대목입니다.

'내가 이미 조선을 뜨고자 하니, 이 섬에 와서 터를 잡고 큰일을 도모하리라.'

길동은 가벼운 걸음으로 다시 본거지로 돌아와서는, 사람들에게 말했다.

"그대들은 양천강 기슭에 가서 배를 많이 만들어, 모월 모일에 도성 한강나루에 와서 기다리라. 내가 임금께 벼 일천 석을 얻어 올 터이니, 약속을 어기지 말라."

– 허균, 『홍길동전』에서

확고한 계획과 방향을 설정하는 모습이지요? 아무래도 홍길동은 '인식'보다 '판단' 유형 같습니다. 이러한 분석을 종합하면 홍길동은 ENTJ에 해당한다고 볼 수 있습니다. ENTJ는 일반적으로 '지도자형'으로 알려져 있습니다. 집을 나온 이후 활빈당을 조직하여 무리를 이끌었고, 훗날 율도국을 직접 건설하여 국가를 운영하는 최고 책임자가 되었다는 점에서 홍길동의 MBTI 분석 결과가 꽤 그럴듯하게 보이지 않나요?

이번에는 『홍길동전』의 아류라고 자주 폄하되는 『전우치전』을 살펴보겠습니다. 과연 '전우치'는 정말 '홍길동'을 베껴 온 캐릭터일까요?

천방지축 전우치가 '외향'형이라는 데에는 이견이 없을 것 같습니다. '직관'보다 '감각'에 의존한다는 결론도 쉽게 내릴 수 있을 것 같습니다. 전우치가 사람들을 돕게 되는 까닭은 홍길동처럼 커다란 이상을 품고 있기 때문이 아니라 일상 속에서 즉흥적으로 결정되곤 하니까요.

사람 관계 혹은 그들이 처한 상황을 우선적으로 고려한다는 점에서는 '감정' 유형에 가까워 보입니다. 전우치가 다양한 처지의 사람들을 도와주고 구해 주었다는 것은 타인의 상황에 쉽게 공감할 줄 안다는 증거일 것입니다. 역시 냉철하다고 할 만큼 객관적이었던 홍길동과는 정반대라고 할 수 있지요. 더구나 때로는 예의 범절에 어긋나는 악동 기질도 보인다는 점에서 전우치는 원리 원칙을 중시하는 타입도 아닙니다.

무엇보다도 전우치가 홍길동과 다른 부분은, 그가 전혀 계획적이거나 치밀하지 않다는 점입니다. 전우치는 모든 행동이 우발적인 것처럼 보이고, 상황에 따라 얼마든지 융통성을 발휘합니다. 홍길동처럼 사회를 개혁하겠다는 목표를 품고 있지도 않기 때문에 오히려 그때그때 흥밋거리를 찾아 다니는 것 같기도 하지요. 아마도 '인식' 유형이 확실해 보입니다. 결국 전우치의 MBTI는 'ESFP'라고 추측할 수 있겠습니다.

우리는 얼핏 홍길동과 전우치를 거의 비슷한 캐릭터로 생각하곤 하지만, 가만히 성격을 분석해 보면 뜻밖에도 많은 부분에서 정반대의 성격 유형이라는 점을 알 수 있습니다. 홍길동은 ENTJ이고 전우치는 ESFP인 것이지요. 물론 사람에 따라 다르게 추측할 수도 있고, 가상의 MBTI 검사를 맹신할 수도 없겠지만, 적어도 이런 과정을 통해 우리는 두 문학작품을 훨씬 깊이 읽을 수 있습니다. 구태의연한 문학 감상 방법에서 벗어나서 말이지요.

AI에게 물어봐!

드라마, 영화, 소설, 만화, 게임 등에 등장하는 캐릭터
가 MBTI 검사를 한다면 어떤 결과가 나올까?
여러분이 궁금한 캐릭터의 MBTI 유형을 AI에게 분석
해 달라고 하고, 그 결과가 자신의 생각과 다르다면 AI
에게 추가적인 정보를 제공하며 의견을 나눠 보자.

 헤르만 헤세의 소설 『데미안』의 주인공 '싱클레어'와 '데미안'
의 MBTI는 뭐라고 생각해?

 (AI의 답변 바탕으로 요약)

싱클레어: INFP

에밀 싱클레어는 이야기가 진행되면서 내면의 성장을 추구하
고, 자아 탐구와 도덕적 갈등을 겪는 인물입니다. 그의 MBTI
유형을 INFP로 추정할 수 있는 이유는 다음과 같습니다.

• 내향성(I): 싱클레어는 내면 세계에 깊이 몰입하며, 자신이
  속한 이중적인 세계(선과 악, 어둠과 빛) 사이에서 갈등합니
  다. 그는 외부 세계보다 자신의 내면을 탐구하는 데 더 집중
  하는 모습을 보입니다.
• 직관(N): 싱클레어는 자신의 경험을 상징적으로 해석하며,
  세계의 표면적인 현상보다 심층적인 의미와 상징에 관심을
  둡니다. 그의 상상력과 철학적 탐구는 직관적인 사고를 반
  영합니다.

- 감정형(F): 그는 주로 자신의 감정과 윤리적 가치에 따라 결정을 내립니다. 특히 진실과 자아 찾기를 갈망하며, 도덕적·감정적 갈등이 그를 성장하게 만듭니다.
- 인식형(P): 싱클레어는 고정된 삶의 방식보다 유연하게 세상을 경험하고, 열린 태도로 다양한 가능성을 탐구하는 경향이 있습니다.

데미안: INTJ
데미안은 매우 냉철하고 철학적인 인물로, 세계의 이중성을 명확하게 인식하고 그 너머를 추구합니다. 그의 MBTI 유형을 INTJ로 추정할 수 있는 이유는 다음과 같습니다.

- 내향성(I): 데미안 역시 내향적인 성향을 보입니다. 그는 자신의 내면의 철학과 통찰을 바탕으로 행동하며, 군중 속에서 두각을 드러내기보다는 조용히 자신의 신념에 따라 움직입니다.
- 직관(N): 데미안은 현실 세계의 표면적인 면에 집착하지 않고, 그 너머의 깊은 상징적 진실을 추구합니다. 세계를 이분법으로 나누지 않고 더 큰 진리를 통찰하려 합니다.
- 사고형(T): 그는 감정보다 이성적 판단에 의존하며, 싱클레어에게도 감정에 휘둘리지 않고 객관적인 진리를 찾도록 조언합니다. 데미안의 사고방식은 논리적이고 체계적입니다.
- 판단형(J): 데미안은 명확한 신념을 가지고 있으며, 자신의 세계관을 실현하기 위해 계획적이고 결단력 있게 행동합니다.

하지만 데미안은 싱클레어에게 적극적으로 대화를 이끌어 내기도 하고, 틀에 얽매이지 않고 자유롭게 사고하고 행동한다는 점에서 ENTP로 볼 수도 있지 않을까?

(AI의 답변 바탕으로 요약)

맞아요! 데미안을 ENTP로 해석하는 관점도 충분히 타당합니다. 그의 성격에는 자유로운 사고방식과 호기심, 그리고 사람들과의 적극적인 대화가 중요한 특징으로 나타나기 때문이죠. ENTP 유형으로 보는 데미안의 성격적 특성을 살펴보면 다음과 같습니다.

데미안이 싱클레어를 만날 때마다 상호작용을 통해 지적인 논의를 발전시키는 모습은 외향적인 성향을 반영할 수 있습니다. 그는 혼자만의 세계에 머물기보다는 타인과의 대화를 통해 자신의 사상과 철학을 발전시키고자 하는 인물로 보일 수 있습니다.

ENTP는 유연하고 개방적인 사고를 하는 유형으로, 틀에 얽매이지 않고 새로운 아이디어를 탐구하고 자유롭게 행동하는 경향이 있습니다. 데미안은 사회적 규범이나 전통적인 틀에 구애받지 않고, 싱클레어에게도 고정된 틀을 깨고 새로운 세계관을 받아들이라고 권합니다. 그의 사고와 행동은 일관된 규칙보다는 상황에 맞게 즉흥적이고 유연한 방식으로 나타납니다.

데미안을 ENTP로 해석하면 그의 성격은 자유롭고 유연한 사고, 논리적 분석, 외향적인 대화 능력을 반영하는 것으로 볼 수 있습니다. 그는 세상에 대해 끊임없이 질문을 던지며, 자신과 주변 사람들의 사고방식을 바꾸는 혁신적인 인물로 그려질 수 있습니다. 이 해석은 데미안의 철학적이고 논쟁적인 태도와도 잘 맞아떨어집니다.

8

히어로끼리는 통한다!
전우치와 스파이더맨

#히어로 #초능력 #허당

『전우치전』은 우리나라를 대표하는 영웅소설 중 하나입니다. 하지만 학교에서는 잠깐 언급만 하고 지나갈 뿐, 자세히 다루지 않는 작품이기도 합니다. 아마도『홍길동전』의 영향을 받아 쓰인 아류작이라는 인식이 강하고, 사회적인 메시지가 상대적으로 약하기 때문일 것입니다. 그러다가 배우 강동원이 전우치 역을 맡은 영화 〈전우치〉(2009)가 개봉하고 동명의 드라마(2012)도 만들어지면서 이제 '전우치'는 대중에게도 낯설지 않은 이름이 되었습니다.

　사람들은 '전우치'라는 캐릭터에 대해서 얼마나 알고 있을까요? 우리 옛 소설『전우치전』을 읽다 보면, 또 다른 낯익은 캐릭터가 자연스레 머릿속에 떠오릅니다. 바로 '마블' 시리즈의 대표적인 히어로 '스파이더맨'입니다. 상상력으로 빚어 낸 놀라운 초능력을 발휘하고, 평범한 사람들을 괴롭히는 나쁜 무리들과 싸워 줄 뿐만 아니라, 천방지축 철부지처럼 허점이 많아 우리에게 친숙한 영웅이라는 점에서도 두 캐릭터는 닮아 있습니다.

　생김새도, 탄생 시기도, 국적도 다르지만 묘하게 닮아 보이는 전우치와 스파이더맨. 고전소설 속 도사 영웅과 만화에서 탄생한 거미 히어로를 지금부터 한번 비교해 보겠습니다.

'전우치'와 '스파이더맨'은 한 명이 아니다

영화와 드라마 외에도 『전우치전』에는 원래부터 다양한 버전이 존재했다는 사실을 알고 있었나요? 하나의 원전에서 파생된 여러 버전의 작품을 통틀어 '이본(異本)'이라고 합니다. 특히 『전우치전』처럼 작가를 특정하기 어려운 고전소설의 경우에는 이런 이본이 생겨나기 쉽습니다. 『전우치전』에는 공식적으로만 최소 6종 이상의 이본이 존재한다고 합니다. 얼핏 보기에는 다 똑같은 전우치 같아도 이본마다 조금씩 다른 전우치가 등장하여 서로 다른 세계관을 펼쳐 보입니다. 전우치가 도술을 부리며 일으킨 사건과 행적들을 삽화적으로 나열하는 구성을 큰 틀에서 공유하면서, 비슷한 듯 다른 이야기들이 전개되는 것이지요. 심지어 어떤 이본에서는 노비의 아들로 태어난 전우치가 중국의 왕이 되기도 합니다. 어쩌면 당시 중국(명나라·청나라)에 수탈당하고 있던 조선 민중의 반감이 전우치를 통해 보상 심리로 표출된 것인지도 모르겠습니다.

『전우치전』처럼 〈스파이더맨〉 시리즈에도 수많은 이본이 있습니다. 샘 레이미 감독, 토비 맥과이어 주연의 〈스파이더맨〉(2002)이 개봉한 이래로, 톰 홀랜드가 스파이더맨 배역을 맡은 〈스파이더맨: 노 웨이 홈〉(2021)에 이르기까지 서로 다른 스파이더맨이 각기 다른 이야기 속에서 활약하는 수많은 시리즈가 제작되었습니다. 최근에는 '피터 파커'가 아닌 흑인 소년 '마일스 모랄레스'가 새로운 스파이더맨으로 등장하는 애니메이션 시리즈가 인기를 모으기도 했지요. 여기에 '스파이더맨'의 원작인 만화까지 포함하면 그야말로 무수한 버전의 스파이더맨이 있는 셈입니다.

'스파이더맨'이나 '전우치전'의 이본이 계속해서 생겨나는 이유는 뭘까요? 물론 사람들이 그들을 좋아하기 때문입니다. 사람들이 이 두 영웅 캐릭터를 사랑하는 데에는 그럴 만한 이유가 있습니다.

먼저 두 인물이 부리는 초능력을 잠깐 살펴볼까요?『전우치전』부터 짚어 보겠습니다. 전우치는 도술을 부려 머릿속으로 상상하는 것을 거의 모두 실현해 내곤 합니다. 마치 작가가 자신의 상상력을 이야기로 풀어내듯 말입니다.『전우치전』은 사실 정교한 짜임새를 갖춘 이야기는 아닙니다. 그런데도 사람들은 전우치에 열광하지요. 이는 전우치라는 캐릭터와 그가 펼쳐 보이는 상상력이 워낙 매력 있기 때문일 것입니다. 독자들이『전우치전』에 기대하는 것은 정교하고 복잡한, 어렵고도 웅장한 이야기가 아니었습니다. 비록 단순하더라도 자유분방하고 멋지게 활약하는 전우치를 보고 싶었던 것입니다.

그럼 영화 〈스파이더맨〉은 어떨까요? 영화 속 스파이더맨이 천장에 거꾸로 매달리고, 거미줄을 쏘면서 고층 빌딩 사이를 활강하는 모습은 전우치가 부리는 도술과 닮았습니다. 스크린에서 실현된 컴퓨터그래픽스는 정말 '도술'이 부럽지 않을 정도입니다. 때로는 빌런들의 함정에 빠져 위기에 몰리기도 하지만, 결국에는 초능력에 상상력을 곁들여서 멋지게 극복해 내지요. 전우치와 스파이더맨은 놀라운 능력을 활용하여 악당들을 처단하고 약자를 보호해 냅니다. 샘 레이미가 연출한 〈스파이더맨 2〉(2004)에서, 스파이더맨이 추락하는 기차를 온몸으로 막아 내며 마침내 시민들의 환호를 받는 장면은 대표적인 명장면이지요. 이들은 무엇보다도 약자와 선인의 편에 서서, '권선징악'이라는 대중적인 주제에 충실하게 부응합니다.

영웅은 동서고금을 가리지 않는다

주제를 살펴봤으니 이제 이야기의 구조도 따져 볼까요? 앞 장에서(2교시 4장: 닮아도 너무 닮은 옛이야기와 그리스 로마 신화) 읽은 내용을 다시 한번 떠올려 봅시다. 서사학자들의 연구에 의하면, 대부분의 민담은 '주인공의 시련 – 조력자의 등장 – 문제 해결 – 행복한 결말'이라는 기본 구조로 이루어져 있습니다. 『전우치전』과 〈스파이더맨〉도 어김없이 이러한 구조를 따르고 있지요. 이번 장에서는 이 기본 구조를 조금 더 확장하여 두 이야기를 비교해 보고자 합니다.

　우리 옛 소설과 할리우드의 슈퍼히어로 영화에는 각자 나름의 고유한 영웅 서사 구조가 있습니다. 우선 우리의 전통적인 영웅소설은 대체로 다음과 같은 7단계의 고유한 서사 구조를 가지고 있습니다.

　① 고귀한 혈통을 지니고 태어남

　② 비정상적으로 잉태되거나 출생함

　③ 보통 사람과는 다른 탁월한 능력을 타고남

　④ 어려서 버림을 당해 죽을 고비를 맞음

　⑤ 구출자나 양육자를 만나 죽을 고비에서 벗어남

　⑥ 자라서 위기에 부딪힘

　⑦ 위기를 극복하고 승리자가 됨

　스파이더맨은 고귀한 혈통을 타고났거나, 비정상적으로 태어나지는 않습니다. 하지만 ③단계부터는 우리 옛 소설의 영웅 서사 구조를 조금씩 변주하며 이야기를 쌓아 가고 있음을 뚜렷하게 확인할 수 있습니다. 피터 파커는 우연히 거미에 물린 것을 계기로 비범한 능력을 가지게 되고(③단계), 부모님을 어린 시절 여의게 됩니다(④단계). 또한 〈스파이더맨〉의 모든 시리즈에는 어김없이 갖가지 '빌런'들이 등장하여 스파이더맨에게 시련을 안겨 줍니다 (⑥단계). 마지막 ⑦단계는 늘 그렇듯이 스파이더맨이 고군분투 끝에 마침내 빌런들을 물리치고 세계에 평화를 되찾아 주는 상황에 해당하겠지요.

그런데 위기를 극복하고 승리하기 전에는 조력자가 등장하는 ⑤단계가 반드시 선행합니다. 톰 홀랜드가 주연을 맡기 시작한 최근의 〈스파이더맨〉 시리즈를 예로 들어 볼까요? 〈스파이더맨: 홈 커밍〉(2017)에서는 '아이언맨'이 수백 개의 기능이 탑재된 초호화 수트를 피터 파커에게 선사함으로써 그를 도왔고, 〈스파이더맨: 파 프롬 홈〉(2019)에서는 여행을 즐기고 싶은 피터 파커에게 '닉 퓨리'가 책임을 일깨우는 조력자의 역할을 담당한 바 있습니다. 또 〈스파이더맨: 노 웨이 홈〉에서는 '닥터 스트레인지'가 나서서 평범한 일상을 되찾고 싶어 내적으로 갈등하는 피터를 돕습니다. 이렇듯 옛 소설이 가지고 있는 영웅 서사 구조가 〈스파이더맨〉 시리즈에서도 어김없이 들어맞습니다.

　이번에는 거꾸로 할리우드 영화 문법을 『전우치전』에 적용해 보겠습니다. 할리우드의 슈퍼히어로 영화들도 보통 정형적인 플롯을 가지고 있습니다. 강력한 힘을 가진 악당이 사회를 공격하고, 사람들은 슈퍼히어로의 도움을 필요로 하게 됩니다. 이때 영웅이 나서서 악당과 싸우며 때로는 위기와 고난을 겪기도 합니다. 그러나 마침내 위기를 극복하고 세상은 원래의 질서와 평화를 회복합니다.

　『전우치전』에서 '악당'은 부패한 위정자 혹은 무능한 권력층에 해당합니다. 이들이 백성들을 괴롭히더라도, 기존의 시스템은 문제적 상황을 해결할 수 없습니다. 이때 전우치가 등장하여 도술을 부리며 이들과 맞서 싸우고, 잠깐 수세에 몰리기도 하지만 결국에는 무능력한 권력층, 심지어 왕까지도 골려 먹으며 새로운 평화를 도모하며 이야기는 끝이 납니다.

　이처럼 할리우드의 〈스파이더맨〉이나 우리의 고전소설 『전우치전』이나, 이야기 구조상으로도 별반 다를 것이 없습니다. 사람들이 영웅을 떠올리고 기대하는 방식은 동서고금을 막론하고 별로 변하지 않는지도 모르겠습니다.

영웅이기 전에 평범한 사람들

그런데 전우치와 스파이더맨이 다른 영웅들과 유독 다른 점이 있습니다. '슈퍼맨', '엑스맨' 시리즈의 히어로들이나 '우투리', '홍길동'처럼 태어날 때부터 선천적으로 비범한 것이 아니라, 우연히 마주한 동물체로부터 후천적으로 초능력을 얻게 된다는 점에서 그렇습니다. 평범한 고등학생이었던 피터 파커는 유전자조작 거미에게 우연히 물린 탓에 거미의 능력을 활용할 수 있는 인간이 되고, 전우치는 우연히 마주친 여우에게서 비법이 적힌 책을 빼앗아 도술을 익힘으로써 초능력을 가지게 됩니다(어떤 이야기에서는 여우 요괴에게서 구슬을 빼앗았다고도 합니다).

이들이 다른 히어로들과 차별화되는 더 중요한 지점은, 바로 영웅이기 이전에 '평범한 사람'이라는 것입니다. 물론 이들은 영웅적인 활약을 펼치는 특별한 캐릭터입니다. 스파이더맨은 세상에 해를 끼치는 악당들과 맞서 싸우고, 전우치는 탐관오리들을 혼내 줍니다. 하지만 이들에게는 보통 사람과 다름없는 소탈한 면모가 있습니다.

전우치는 '홍길동'과 달리 '적서 차별 철폐' 같은 거창한 대의명분에 얽매이지 않습니다. 그저 눈앞의 어려움에 직면한 사람들을 돕고, 악당들과 대적하면서도 비장하게 싸우기보다는 장난스럽게 골탕 먹이곤 하지요. 일반적인 영웅들과는 달리 사고와 행동이 자유분방하고, 악동 기질이 다분한 철부지입니다. 사람들이 쉽게 친밀함을 느낄 수 있는 대중적인 영웅인 것입니다.

스파이더맨도 대표적인 평범한 서민 히어로입니다. 실제로 〈스파이더맨〉 시리즈가 사람들에게 사랑받은 주요한 요인 중 하나는, 기존 히어로 장르에서 볼 수 없었던 영웅의 현실적인 삶을 그려 냈다는 점이었습니다.

피터는 밤마다 스파이더맨이 되어 범죄자들과 맞서 싸우느라 수업에 늦어 교사에게 꾸중을 듣습니다. 생활고를 해결하기 위해 피자 배달을 하다가 도중에 범죄자들을 쫓아간 탓에 해고되기도 합니다. 또 이성 문제 때문에 고민이 깊어 수업에 집중하지 못하는, 십 대 고등학생다운 모습을 보이기도 합니다.

처음부터 완벽한 영웅이 아니라, 이런저런 실수를 저지르고 간신히 수습하는 존재가 바로 스파이더맨입니다. 전우치와 스파이더맨은 전지전능한 빈틈없는 영웅이 아니라, '생활형 영웅'입니다. 일상생활에서의 자잘한 어려움들을 하루하루 헤쳐 나가고, 그 과정에서 인간적인 허점을 드러내기도 하는 입체적인 캐릭터들인 것입니다.

전우치와 스파이더맨의
윤리성은 어디서 나오는가?

전우치와 스파이더맨은 원래부터 엄격한 윤리적 기준을 가지고 있는 캐릭터들이 아닙니다. 스파이더맨은 경찰의 정당한 공무 집행을 방해하고, 건물에 무단 침입을 하는가 하면, 도시의 각종 시설물과 기물들을 파손하는 행위도 서슴지 않습니다. 범법자를 단죄하기 위해 스스로 법을 어기는 자기모순에 처하게 되는 것입니다. 자유분방한 전우치 또한 한편으로는 당대의 불합리한 사회적 규범을 조롱하는 쾌감을 독자에게 전달하지만, 다른 한편으로는 나랏일에 수시로 훼방을 놓는다거나 개인적인 복수를 하기도 하고, 임금을 속여서 황금 들보를 갈취하는 명백한 사기를 저지르기도 합니다.

이렇듯 미성숙한 캐릭터였던 스파이더맨과 전우치는 어떤 계기를 만나고서야 자신이 지닌 힘의 무게를 실감하게 됩니다. 시리즈의 원조 격인 〈스파이더맨〉에서 벤 삼촌은 막 초능력을 얻고 들떠 있는 피터에게 "큰 힘에는 큰 책임이 따른다.(With great power comes great responsibility.)"라는 따끔한 조언을 건넵니다. 새롭게 얻은 힘에 혼란을 겪던 피터는 자신의 눈앞에서 도망치는 강도를 보고서도 본인과 무관한 일이라며 방관하는데, 알고 보니 강도를 당한 피해자는 자신이 사랑하는 벤 삼촌이었고, 이에 피터는 큰 충격을 받습니다. 그제서야 피터는 삼촌의 말을 가슴 깊이 새기고 자신의 힘을 시민들을 도와주는 일에 쓰기로 결심하게 됩니다. 이 말은 〈스파이더맨〉 시리즈의 최고 명대사로 남게 되지요.

한편 얕은 도술을 부리며 내키는 대로 살아가던 전우치 또한 스승 서화담을 만나 아래와 같이 꾸짖음을 당합니다.

> "네가 지금껏 여러 술법을 부려 옳은 일을 해 왔으니 기특하구나. (…) 하지만 재주란 것은 반드시 윗길이 있는 법이라, 나중에는 반드시 헤아리기 어려운 화가 덮치리라. 그럴 바에는 일찌감치 바른 세상에 들어가 커다란 도리를 캐 보는 것이 옳지 않겠느냐?"
>
> – 작자 미상,『전우치전』에서

"바른 세상에 들어가 큰 도리를 캐"라는 서화담의 조언은, 벤 삼촌이 피터에게 건넨 충고와 일맥상통하는 면이 있습니다. 그동안 사사롭게 사용해 온 "술법"과 "재주"보다 더 큰 "윗길"을 찾으라는 말은, 바로 자신의 행동에 윤리적인 책임을 질 줄 알아야 한다는 이야기일 것입니다. 스승의 가르침을 들은 전우치는 크게 깨달은 바가 있어 이후로 스승인 서화담을 따라 태백산에 들어갔다고 전해지지요.

스파이더맨에게는 벤 삼촌 말고도 다른 스승이 있습니다. 바로 아이언맨, '토니 스타크'입니다. 〈스파이더맨: 홈커밍〉에서 토니 스타크는 커다란 사고를 친 철부지 스파이더맨의 장비를 빼앗으려 합니다. '스파이더맨'이 될 수 없다면 자신은 아무것도 아니라며 사정하는 피터 파커에게, 토니 스타크는 "수트 없이 아무것도 아니라면, 더더욱 수트를 가져선 안 돼."라고 일침합니다. 이는 벤 삼촌과 서화담이 건넸던 충고와 같이, 자신의 능력에만 의존하지 말고 이를 책임 있게 쓸 줄 알아야 한다는 의미 아니었을까요?

결국 현대의 스파이더맨이든, 우리 고전소설 속의 전우치든, 사람들이 영웅에게 기대하는 바는 늘 같은 모양입니다. 설령 드러나는 모습이 다를지라도, 이야기와 문학의 본질, 그리고 인간 상상력의 원천은 다르지 않은 것 같습니다.

AI에게 물어봐!

각자 좋아하는 대중문화 속 영웅 캐릭터를 고르고, AI와
대화를 나누며 그 영웅과 비슷한 다른 캐릭터를 찾아보
자. 대중문화에 등장하지 않는, 자신이 생각하는 일상 속
의 영웅과 비교해 달라고 요청해도 좋다.

 나는 배트맨을 좋아하는데, 배트맨과 다른 히어로 캐릭터들의 차
이점은 뭘까?

 (AI의 답변 바탕으로 요약)

배트맨은 슈퍼히어로들 중에서도 특유의 다크한 분위기와 현
실적인 접근으로 독특한 위치에 있어요. 다른 히어로들과 차
별화되는 배트맨의 특징은 크게 다음과 같습니다.

- 초능력이 없는 히어로: 배트맨은 초능력을 지닌 다른 히어
  로들(슈퍼맨, 원더우먼 등)과 달리, 특별한 초능력이 없어요.
  대신 강한 육체 훈련, 무술 실력, 지적 능력, 그리고 다양한
  첨단 장비에 의존해 악당들과 맞서죠. 이 점에서 인간적인
  매력이 강조되며, 관객들이 그를 현실적인 영웅으로 받아들
  이기 쉬워요.
- 심리적 깊이와 어두운 기원: 배트맨의 정체성은 부모의 죽
  음에 따른 트라우마에서 비롯됩니다. 그는 범죄와의 싸움
  을 복수이자 사명으로 여기며, 이 과정에서 종종 어두운 성
  향을 드러내죠. 배트맨의 심리적 깊이는 다른 히어로들보다

복잡한 면이 있으며, 특히 죄책감, 분노, 외로움 같은 감정이 주요 동기로 작용해요. 이런 요소는 배트맨을 비극적이면서도 복합적인 인물로 만들며, 다른 히어로들이 주로 정의 구현이나 외부적 위협에 집중하는 것과 차별화됩니다.

- 엄격한 도덕 코드와 자기 절제: 배트맨은 범죄자들을 결코 죽이지 않는다는 엄격한 신념을 가지고 있습니다. 이는 그의 상징이면서도 동시에 큰 약점이 될 때가 많아요. 많은 적들이 배트맨의 이 약점을 이용하려 하며, 배트맨은 자신의 어두운 본성을 억제하면서도 그 신념을 지키기 위해 싸웁니다. 이와 달리 다른 히어로들은 상황에 따라 적을 처단하거나, 상대적으로 덜 엄격한 도덕관념을 가지는 경우도 있어요.

배트맨처럼 초능력은 없지만, 도덕적 신념과 자기 절제를 바탕으로 공동체에 헌신하는 '일상 속의 영웅'에는 어떤 사람들이 있을까?

(AI의 답변 바탕으로 요약)

초능력 없이도 도덕적 신념과 자기 절제로 공동체에 헌신하는 '일상 속의 영웅'은 주변에서 어렵지 않게 찾아볼 수 있습니다. 이들은 위험을 무릅쓰고 자신보다 타인을 우선시하며, 직업이나 직무를 넘어선 헌신으로 공동체에 기여하고 있죠.

- 소방관과 구조대원: 물리적인 초능력은 없지만, 체력과 정신력을 키워 목숨을 걸고 위급한 상황에서 사람들을 구해 냅니다. 불 속에 뛰어들거나 자연재해 현장에 가장 먼저 달려가며 생명 보호를 최우선으로 합니다.
- 의사와 간호사: 특히 응급실과 중환자실에서 일하는 의료

진은 긴 시간 동안 극도의 집중과 자기 절제가 필요합니다. 위험을 무릅쓰고 전염병 같은 위기 속에서도 환자를 치료하며, 한정된 자원 안에서 공동체 건강을 위해 헌신합니다.

- 교사: 교육과 지식 전달 외에도 학생들에게 인생의 가치를 심어 주고 진로에 대해 고민하는 학생들에게 큰 지지와 힘이 되어 주는 역할을 합니다. 학생들의 성장을 위해 도덕적 기준을 세우고 인내심으로 지도합니다.

- 사회복지사: 도움이 필요한 사람들을 찾아가고, 돌봄과 지원을 통해 공동체의 약자를 보호하는 데 힘씁니다. 물질적 보상이 크지 않더라도 취약 계층의 삶을 지지하는 역할을 하고 있습니다.

밀레의 그림에서
정지용의 향수에 젖다

#고향 #별빛 #가난

호메로스, 『일리아스』

『오디세이아』

"그곳이 차마 꿈엔들 잊힐 리야"라는 반복되는 구절로 유명한 정지용의 시 「향수」는 대중가요로까지 만들어져 많은 사람들의 사랑을 받았습니다. 시를 읽고 있노라면 마치 한 폭의 그림을 보고 있는 듯한 느낌을 받게 됩니다. 감각적 이미지를 적절히 사용하였고, 익숙한 고향의 풍경과 친숙한 인물들을 구체적으로 묘사하고 있기 때문이지요. 시인은 이 시를 통해 자신이 지향하는 고향의 모습을 선명하고 아름답게 그려 내고 있습니다.

    「향수」가 그리는 고향은 가난하지만 평화롭고, 고단하지만 꿈이 있는 곳입니다. 우리는 이 시를 배우는 동안 아름다운 고향을 간절히 그리워하게 됩니다. 시를 읽는 여러분의 머릿속에는 어떤 '한 폭의 그림'이 떠올랐나요? 물감과 붓 대신 아름다운 우리말로 고향을 그려 내려 했던 시인의 풍경화는 과연 어떤 모습이었을까요?

    문학과 미술은 각자 다른 도구와 방법을 이용하지만, 결국에는 모두 '예술'이라는 점에서 다르지 않습니다. 선명한 이미지를 보여 주는 정지용 시인의 시를 통해 미술 작품을 더 깊이 감상할 수도 있는 것입니다.

평화로운 벌판의 나른한 오후

정지용의 「향수」는 1927년에 발표되었습니다. 가난하지만 평화로웠던 고향의 모습을 떠올리며 고향에 대한 간절한 그리움을 노래하는 작품이지요. 「향수」는 평화롭고 한가롭기 이를 데 없는 풍경으로 시작합니다. 1연에서는 넓디넓은 벌판에 실개천이 유유히 흐르고 농사일을 거들던 황소가 잠시 쉬는 틈을 타서 길고 나지막한 울음소리를 냅니다. 2연에서는 해가 뉘엿뉘엿 지고 난 밤 시간이 그려집니다. 한낮 동안의 고된 노동에 지치신 아버지는 그제야 짚베개를 베고 몸을 뉘십니다. 어느새 스르르 눈이 감기고 고향에는 나른한 휴식의 시간이 찾아옵니다.

넓은 벌 동쪽 끝으로
옛이야기 지줄대는 실개천이 회돌아 나가고,
얼룩빼기 황소가
해설피 금빛 게으른 울음을 우는 곳,

― 그곳이 차마 꿈엔들 잊힐 리야.

질화로에 재가 식어지면

비인 밭에 밤바람 소리 말을 달리고,

엷은 졸음에 겨운 늙으신 아버지가

짚베개를 돋아 고이시는 곳,

— 그곳이 차마 꿈엔들 잊힐 리야.

- 정지용, 「향수」에서

    이번에는 19세기 프랑스의 시골 들판으로 향해 볼까요? 함께 살펴볼 그림은 당대 프랑스의 사실주의 화풍을 대표하는 화가 장 프랑수아 밀레의 〈정오의 휴식〉입니다. 밀레는 노르망디 지역의 한 가난한 농가에서 태어났습니다. 어린 시절부터 농사일을 도우며 농민들의 일상과 고단함을 직접 체험하고 또 관찰할 수 있었던 것이지요.

    밀레의 그림을 보고 있자니, 정지용의 시가 저절로 머릿속에 떠오릅니다. 우선 전체적인 정서와 색감이 아주 유사해 보입니다. 두 작품의 전체적인 색감은 '금빛'입니다. 들판을 수놓은 잘 익은 곡식들에 한낮에 쏟아지는 가을 햇빛까지 '금빛'의 색감을 눈부시게 더하고 있습니다.

장프랑수아 밀레, 〈정오의 휴식〉(1866)

그림 속에는 한낮의 고된 노동 시간 중에 잠시 짬을 내어 건초
더미에 누워 있는 부부의 모습이 보입니다. 신발까지 벗어 던지고
맨발로 편안하게 낮잠에 빠진 그들의 몸 위로 한낮의 눈부신 햇살
이 쏟아지고 있습니다. "질화로" 옆에서 고이 잠드신 "늙으신 아버
지"의 "엷은 졸음"을 닮아 있는 나른한 장면입니다. 그림의 배경에
는 "게으른 울음"을 울던 "얼룩빼기 황소" 대신에 한가로이 풀을
뜯고 있는 한 쌍의 말이 그려져 있습니다. 건초더미에서 잠들어
있는 부부만큼이나 다정하고 평화로워 보이는 모습입니다.

가난하고 고단했던, 여인들의 이삭 줍기

전설 바다에 춤추는 밤물결 같은

검은 귀밑머리 날리는 어린 누이와

아무렇지도 않고 예쁠 것도 없는

사철 발 벗은 아내가

따가운 햇살을 등에 지고 이삭 줍던 곳,

— 그곳이 차마 꿈엔들 잊힐 리야.

– 「향수」에서

「향수」의 4연에서는 고향의 여인들에 대한 화자의 정서가 표현됩니다. 화자는 구김살 없이 앳된 누이와, 소박한 아내의 모습을 떠올립니다. 누이와 아내는 벌판에서 이삭을 줍고 있습니다. 밀레의 그림 속 부부가 눈부신 햇살을 받으며 나른한 오후를 보내고 있었던 바로 그런 들판이겠지요. 하지만 "사철 발 벗은 아내"의 모습은, 부부가 발 벗고 휴식을 즐기던 모습과는 조금 달라 보입니다. 아마도 아내는 농촌의 고단하고 분주한 일상에 신발을 제대로 챙겨 신을 틈이 없었을 것입니다. 더욱이 '사철' 발을 벗고 있다

장프랑수아 밀레, 〈이삭 줍는 여인들〉(1857)

는 말은 열심히 일하더라도 좀처럼 나아지지 않는, 가난하고 고단한 당시 농촌 사람들의 삶의 모습을 넌지시 보여 주는 것 같기도 합니다.

따가운 햇살을 등에 지고 이삭을 줍던 「향수」의 여인들을 이번에는 밀레의 그림에서 찾아볼까요? 누구라도 본 적이 있을 밀레의 대표작인 〈이삭 줍는 여인들〉을 살펴봅시다. 정지용이 떠올린 고향 여인들은 밀레의 그림에서도 그 모습 그대로 등장하여 가난하고 고단한 농촌의 삶을 그대로 재현하고 있습니다.

여인들은 추수가 이미 끝난 들판에서 허리를 한껏 굽히고 이삭을 줍고 있습니다. 얼마나 가난했는지, 추수가 끝난 다른 사람의 밭에 남아 있는 이삭이라도 주워야 생계를 꾸려 갈 수 있었던 것입니다.

밀레 본인도 이 그림을 그릴 당시에 형편이 몹시 어려웠던 것으로 알려져 있습니다. 그는 땀 흘리며 노동하는 사람들에게 깊은 존경과 연민을 품었습니다. 그의 그림에는 19세기 프랑스 농민들의 곤궁한 처지를 이해하고 공감하는 마음이 그대로 담겨 있지요.

별이 빛나는 밤에 흐릿한 불빛 아래의 사람들

이제 다시 정지용의 「향수」로 돌아가 보겠습니다. 마지막 연에서 시인은 별이 아름답게 빛나는 깊은 밤을 노래하고 있습니다. 사람들이 모여 앉아 "도란도란거리는 곳"이지요.

하늘에는 성근 별
알 수도 없는 모래성으로 발을 옮기고,
서리 까마귀 우지짖고 지나가는 초라한 지붕

흐릿한 불빛에 돌아앉아 도란도란거리는 곳,

— 그곳이 차마 꿈엔들 잊힐 리야.

–「향수」에서

하늘에 듬성듬성 보이는 별이 밤이 깊어짐에 따라 조금씩 자리를 바꿔 가는 모습을, 화자는 별들이 "발을 옮기"고 있다고 이야기합니다. 그것도 그냥 발을 옮기는 것이 아니라 미지의 "모래성"으로 향하는 발걸음이라, 신비스럽고 동화적인 분위기가 한층 깊어지는 표현입니다. 바로 떠오르는 그림이 하나 있는데, 어떤 그림인지 눈치채셨나요? 네, 맞습니다. 빈센트 반고흐의 〈별이 빛나는 밤〉이지요.

고흐의 〈별이 빛나는 밤〉에는 시구 그대로 "성근" 별들이 떠있습니다. 별들은 달빛과 어울려 물결치듯 빛을 퍼뜨리고 있습니다. 어두운 밤하늘을 온통 뒤덮고 있는 신비스러운 별빛은 틀림없는 「향수」 속의 그 별입니다. "별을 보는 것은 언제나 나를 꿈꾸게 한다"는 고흐의 말처럼, 시인 정지용도 하늘의 별을 보며 고향을 꿈꿨을 것만 같지 않나요?

이렇게 아름다운 별밤에, 시골집 안에서는 어떤 풍경이 펼쳐

빈센트 반고흐, 〈별이 빛나는 밤〉(1889)

지고 있을까요? 정지용의 시에서는 "초라한 지붕, 흐릿한 불빛" 아래에서 "돌아앉아 도란도란거리"고 있다고 하였습니다. 비록 가 난할지언정 가족과 함께 있다는 것만으로도 소중했던 고향에서 의 그 시간들을 화자는 그리워하고 있는 것이지요.

고흐의 또 다른 그림 〈감자 먹는 사람들〉에서도 이러한 정서를 느낄 수 있습니다. 시어와 정확히 대응하는 '흐릿한 불빛' 아래에 서 식구들이 옹기종기 모여 앉아 김이 모락모락 피어오르는 따뜻 한 감자를 나눠 먹고 있습니다. 고흐는 그의 동생 테오에게 보내

빈센트 반고흐, 〈감자 먹는 사람들〉(1885)

는 편지에서 이 그림에 대해 이렇게 설명하기도 했습니다.

램프 불빛을 켜 놓고 감자를 먹고 있는 사람들을 강조하려고 했
단다. 접시에 내밀고 있는 이들의 손을 보렴. 땅을 팠던 바로 그
손이지. 고된 노동의 흔적이 남은, 그들이 어찌나 정직하게 식
사를 얻어 냈는지를 말해 주는 손이란다.

- 빈센트 반고흐, 동생 테오에게 보내는 편지에서

감자는 대표적인 구황작물입니다. 흉년이 들었을 때 주식 대신 먹을 수 있는, 쉽지 재배할 수 있는 작물이지요. 비싸고 기름진 음식은 아니지만, 고흐에게는 고단한 일을 마치고 집에 돌아온 농부들이 가족들과 나누어 먹는 감자가 소중하게 느껴진 게 아닐까 싶습니다. 정지용의 시에서도 가족들이 모여 앉아 분명 무언가를 나눠 먹었을 테지요. 시인이 어려웠던 옛 시절과 고향을 그리워하는 것은, 바로 이러한 가족들이 있었기 때문일 것입니다.

'서리 까마귀'가 밀밭을 날면…

마지막으로 소개할 그림은 고흐의 〈까마귀 나는 밀밭〉이라는 작품입니다. 마침 「향수」의 마지막 연에도 '서리 까마귀'가 언급되는데요, 서리에 맞아 지친 힘없고 초라한 까마귀를 가리킵니다. 어쩌면 까마귀가 지친 까닭은 "초라한 지붕" 위를 지나가며 사람들의 고단함을 목격한 탓인지도 모르겠습니다. 마찬가지로 고흐의 그림에서도 다소 암울한 느낌의 까마귀 떼가 어둑한 저녁 무렵의 벌판 위를 날아가고 있는데요, 밀밭은 노랗게 익어 있지만, 그림의 전반적인 정조는 쓸쓸하기 그지없습니다.

정지용은 회화적 이미지를 많이 활용하기로 유명한 시인입니다. 그의 작품들 중에서도 방금 살펴본 「향수」는 마치 그림을 그리듯 생생하게 시상(詩像)을 펼쳐 내는 시입니다. 밀레, 고흐와 정지용은 다른 나라, 다른 시대, 다른 분야에서 활동했지만, 그들의 그림과 그의 시는 놀랍게도 서로를 떠올리게끔 합니다. 아마도 고향을 추억하는 마음이 인간의 보편적 정서이기 때문이 아닐까 합니다. 소박한 아름다움이 드러나는 시와 그림을 나란히 겹쳐 보면서 여러분도 마음속으로 작품을 하나 지어 보는 건 어떨까요? 시든 그림이든 뭐든 다 좋으니까요.

AI에게 물어봐!

각자 좋아하는 시나 노래 가사를 골라 AI에게 어울리는
이미지를 생성해 달라고 해 보자. 어떤 식으로 질문할 때
가장 마음에 드는 이미지가 생성되는지 시험해 보자.

다음의 시는 김소월 시인의 「엄마야 누나야」라는 작품이야. 이
시에 어울리는 이미지를 만들어 줄래? 그림에 인물은 부각시키지
말고 배경을 비중 있게 그려 줘. 색깔은 파스텔 톤으로 부탁해.

엄마야 누나야 강변 살자
뜰에는 반짝이는 금모래 빛
뒷문 밖에는 갈잎의 노래
엄마야 누나야 강변 살자

그림이 아닌 실제 사진으로 만들어 줄 수 있어? 빛바랜 흑백사진
느낌으로 뽑아 줘.

세상에 눈뜨는
국어 시간

국어 × 사회·경제

10

'풍자는 이렇게 예술은 새롭게', 학자와 화가가 맞장구친 까닭은?

#풍자 #기득권 #베스트프렌드

이 장에서 다룰 작품 목록	
고전소설	박지원, 「양반전」
서양화	마네, 〈올랭피아〉 〈풀밭 위의 점심 식사〉

18세기의 조선 실학자 박지원은 「허생전」, 「양반전」, 「호질」 등 수많은 소설을 후대에 남겼습니다. 그가 남긴 소설들은 조선 후기의 양반 사회를 신랄하게 풍자한 것으로 유명합니다. 그의 소설을 접한 당대의 사대부들은 어떤 기분이었을까요? 방금 언급한 세 작품은 모두 양반이나 선비가 주인공입니다. 하지만 작품들을 읽어 보면 그들은 하나같이 허위와 위선으로 가득 찬 인물들이라는 것을 알 수 있습니다. 그래서 사대부들의 눈에 박지원의 작품들은 심히 불편할 수밖에 없었지요.

　　한편 19세기 프랑스의 화가 에두아르 마네 또한 당시 프랑스 사회의 기득권층이었던 부르주아의 허위의식을 비판하고 그들을 조롱하는 미술 작품을 다수 남겼습니다. 〈풀밭 위의 점심 식사〉나 〈올랭피아〉 같은 마네의 파격적인 그림들에서, 우리는 기존의 가식적인 가치관을 조롱하는 화가의 발칙한 의도를 엿볼 수 있습니다. 당시 이 그림들을 접한 파리의 평론가들과 관객들은 그야말로 경악했다고 하는데, 어떤 점이 그들을 그토록 놀라게 한 걸까요?

이것은 칭찬인가, 조롱인가?

정선 고을의 어느 양반이 해마다 관청에서 곡식을 꾸어다 먹고 미처 갚지 못해 난처한 상황에 놓였습니다. 아내는 쯧쯧 혀를 차며, "한 푼짜리도 못 되는 그놈의 양반."이라며 울고만 있는 남편을 몰아세웠지요. 이때 마을에 사는 부자가 양반의 빚을 모두 갚아 주고 '양반' 신분을 사겠다고 나섭니다. 양반은 아무리 가난해도 존경받는데, 자신은 평민이라 아무리 부유해도 천대받는다고 한탄하면서 말이죠. 이에 정선 군수는 뒷날 소송의 빌미가 되지 않도록 이른바 '양반 매매 증서'를 작성하여 당사자인 부자와 양반은 물론, 농부와 장사치까지 모두 불러 모은 자리에서 그 내용을 읊었습니다. 얼핏 들으면 누구나 선망하는 양반 신분의 고귀함과 권리를 널리 알림으로써 양반의 우월함을 표현하는 듯 보입니다. 그런데 사실 군수가 읊는 이 모든 행실들은 양반이 지켜야 하는 의무에 지나지 않습니다. 온통 '하지 말라'는 것뿐이지요.

손에 돈을 쥐지 말고 쌀값도 묻지 말고, 날 더워도 발 안 벗고 맨
상투로 밥상 받지 말고, 밥보다 먼저 국 먹지 말고, 소리 내어 마
시지 말고, 젓가락으로 방아 찧지 말고, 생파를 먹지 말고, 술 마

시고 수염 빨지 말고, 담배 필 젠 볼이 움푹 패도록 빨지 말고, 분 나도 아내 치지 말고, 성 나도 그릇 차지 말고, 애들에게 주먹질 말고, 뒈져라고 종을 나무라지 말고, 마소를 꾸짖을 때 판 주인까지 싸잡아 욕하지 말고, 병에 무당 부르지 말고, 제사에 중 불러 재(齋)를 올리지 말고, 화로에 불 쬐지 말고, 말할 때 입에서 침을 튀기지 말고, 소 잡지 말고 도박하지 말라.

       – 박지원, 『연암집』 제8권 별집 「방경각외전-양반전」에서

군수가 양반의 의무를 모두 읊고 나자, 부자는 볼멘소리를 합니다. 양반이 '신선' 같은 줄 알고 흠모해 왔건만, 어찌 된 영문인지 죄다 하지 말라는 것뿐이니 너무 손해인 듯하다는 것이었습니다. 부자는 이롭게 고쳐 달라고 요청합니다. 그러자 군수는 이번에는 양반의 '권리'를 다음과 같이 읊기 시작합니다.

농사, 장사 아니하고, 문사(文史) 대강 섭렵하면, 크게 되면 문과(文科) 급제, 작게 되면 진사(進士)로세. 문과 급제 홍패(紅牌)라면 두 자 길이 못 넘는데, 온갖 물건 구비되니, 이게 바로 돈 전대(纏帶)요, 서른에야 진사 되어 첫 벼슬에 발 디뎌도, 이름난 음관(蔭官)되어 웅남행(雄南行)으로 잘 섬겨진다. 일산(日傘, 햇볕을

가리기 위한 양산) 바람에 귀가 희고 설렁(사람을 부를 때 줄을 잡아당기면 소리 내는 방울)줄에 배 처지며, 방 안에 떨어진 귀걸이는 어여쁜 기생의 것이요, 뜨락에 흩어져 있는 곡식은 학(鶴)을 위한 것이라. 궁한 선비 시골 살면 나름대로 횡포 부려, 이웃 소로 먼저 갈고, 일꾼 뺏어 김을 매도 누가 나를 거역하리. 네 놈 코에 잿물 붓고, 상투 잡아 도리질하고 귀얄수염 다 뽑아도, 감히 원망 없느니라.

– 『연암집』 제8권 별집 「방경각외전-양반전」에서

군수의 말에 귀 기울이던 부자는 더 이상 듣고 싶지 않다며 손을 내젓습니다. "그만 두시오, 그만 둬. 참으로 어이가 없구려. 장차 나를 도둑놈으로 만들 작정이오?" 부자는 군수가 읊어 준 양반의 권리라는 것이 '도둑놈'이나 하는 부도덕한 짓이라며 머리를 흔들며 도망가 버렸습니다. 이후로는 평생토록 두 번 다시 양반이라는 말을 입에 올리지도 않았다고 하고요.

부자는 처음에는 양반이 되고 싶어 했지만, 가만히 듣고 있자니 양반의 의무란 것은 허위와 허세일 뿐 죄다 쓸데없는 것뿐이며, 양반의 권리라고 군수가 말하여 주는 것들도 (도둑놈이라는 비난을 들어야 할 만큼) 남을 괴롭히고 수탈하는 것밖에 없었던 것입니다. 이 우스꽝스러운 대목을 읽는 독자는, 이 장면이 양반 계층을 신랄하게 비판할 목적으로 쓰인 것임을 어렵잖게 알 수 있습니다. 즉 「양반전」은 양반 신분에 대한 흠모나 존경이 아니라, 양반을 통렬하게 비판하고 조롱할 목적으로 박지원이 작정하고 써 내려간 작품인 것입니다. 표면적으로는 양반의 의무와 권리를 말하고 있지만, 이면에서는 양반을 통렬하게 비판하고 있으니, 이것이야말로 '풍자'의 전형이라 할 만합니다.

과연 어떤 글이 '좋은 글'일까?

박지원은 「양반전」 말고도 자유롭고 기발한 문체를 구사하며 여러 작품을 남겼습니다. 썩어 빠진 선비를 질타하고 인간의 허세를 폭로하는 「호질」, 허위에 빠진 선비를 내세워 조선 후기 사회의 허점을 총체적으로 비판한 「허생전」 등이 그런 작품입니다. 이 두 작품은 박지원이 엮어 낸 『열하일기』에 함께 실리기도 했습니다. 『열하일기』는 주제 면에서 그 전에 볼 수 없었던 파격적인 내용이었을 뿐만 아니라 문체도 낯설고 새로워서 당대 조선 사람들에게 적지 않은 충격을 주었습니다.

당시에는 좋은 글이라고 하면 당연히 훌륭한 성현들이 남긴 '옛글'을 따르는 것이었습니다. '옛글'이란 주로 중국의 당·송 시대에 쓰인 글을 말하는 것인데, 성리학을 따르는 국가였던 조선에서는 그러한 글들이 오랫동안 기준이 되어 왔던 것입니다. 선비들이 당·송 시대의 문장을 외우고 또 따라 쓰면서 '좋은 글'의 기준과 특유의 문체가 관습처럼 자리 잡은 것입니다.

그런데 박지원은 그러한 기준을 전혀 따르지 않고 자신만의 개성적인 문체를 구사했습니다. 박지원이 보기에 옛글이라는 것은 다른 나라에서 유래한 것이고, 더욱이 오래전의 것이다 보니 실생활과 동떨어진 데가 많았던 것입니다. 사람들이 쉽사리 접근하기 어려운 글이었던 것이지요. 반면 박지원은 마치 이야기를 들려주듯이 친근하고 쉬운 문체를 활용했습니다. 박지원이 최초로 구사한 이러한 문체를 가히 '생활 밀착형'이라고 부를 수 있겠습니다. 하지만 사대부들은 이를 점잖지 못하고 천박한 글이라고 열띠게 비판했습니다.

조정에서도 이러한 새로운 문체가 유교적 질서를 문란하게 할 소지가 있다고 판단하여 경계했습니다. 얼핏 생각하면 누군가 '조금 튀는' 글을 쓴다고 해서 무슨 문제가 생기겠느냐 싶겠지만, 이는 생각보다 단순한 문제가 아닙니다. 문체에는 당대 사회를 바라보는 글쓴이의 시선이 담겨 있기 때문입니다. 앞서 읽어 본 박지원의 글들을 보면 무슨 뜻인지 알 것도 같지요?

이런 이유로 조정에서는 문체를 도로 바르게 되돌리려고 합니다. 심지어 정조 임금은 박지원에게 자신의 행위를 스스로 반성하라는 어명까지 내리기도 합니다. 이렇듯 옛 문체를 회복하려는 국가적 노력을 역사에서는 '문체반정(文體反正)'이라고 일컫습니다. 전통과 관습을 존중하며 글을 써야 한다는 당대의 사회적 분위기에서 박지원의 문체는 억압받고 무시당하였지만, 오늘날 박지원은 시대를 앞서간 선비로 평가받고 있으니 아이러니한 일입니다.

"이 그림은 쓰레기야!"

에두아르 마네라는 이름을 들어 보았나요? 그는 현대인의 삶을 그리기 시작한 최초의 화가 중 한 명으로 알려져 있습니다. 오늘날에는 19세기를 대표하는 화가 중에 한 사람으로 여겨지지만, 처음 등장했을 때부터 그런 명성을 얻은 것은 아니었습니다.

함께 살펴볼 작품은 마네가 1863년에 완성한 〈풀밭 위의 점심 식사〉입니다. 발표 당시 평단에서 '가장 저속하고 외설스러운 그

에두아르 마네, 〈풀밭 위의 점심 식사〉(1863)

림'이라는 혹평을 받으며 사회적 파장을 일으켰지요.

무엇 때문에 그토록 심한 비난을 받아야 했을까요? 우선 그림이 무엇을 말하고자 하는지 불분명합니다. 달리 말해서 그림의 주제가 없다는 것이었습니다. 말끔히 차려입은 두 남자가 벌거벗은 여인과 함께 점심 식사를 하고 있는 장면에서 당대 사람들은 어떤 주제 의식도 읽어 낼 수 없었습니다.

당시만 해도 회화의 주류는 종교, 신화, 역사 등에서 소재를 포착하여 진중한 의미를 담아 표현하는 것이었습니다. '좋은 그림'

이란 물론 예부터 전해 오는 전통적인 기법과 화풍을 충실히 계승하고 있는 그림이었지요. 그런데 마네의 이 그림에는 신화 속 인물도 없고 역사 속 위인도 없습니다. 인물에 대한 묘사도 형편없었고 심지어 당시에는 좋은 그림을 판단하는 주요 기준이었던 원근법조차 잘 지켜지지 않아 기본이 안 된 그림이라는 비아냥을 들어야 했습니다. 심지어 누군가는 마네의 그림을 보고 "이 그림은 쓰레기"라며 혹평을 하기도 했지요.

마네의 이야기에서 혹시 다른 누군가가 겹쳐 보이지는 않나요? '좋은 글'에 대한 당대의 규범에 얽매이지 않고, 자신의 마음에서 우러나오는 글을 쓰고자 했던 박지원의 일화가 절로 떠오릅니다. 당대 사회가 그들의 신선한 시도를 억압하려고 했던 것 또한 판에 박힌 듯 똑같이 반복되고 있고요.

마네와 박지원의 공통점은 단순히 새로운 기법을 시도했다는 데서 그치지 않습니다. 만약 그뿐이었다면 당시 사람들이 그렇게까지 비난하지는 않았을지도 모릅니다. 박지원의 경우와 마찬가지로, 마네의 새로운 화풍은 기성 사회에 대한 비판 의식을 드러내는 일종의 풍자였습니다. 마네의 그림에는 당대의 방탕한 부르주아 남성들을 풍자하려는 의도가 깔려 있었던 것입니다. 실제로 마네의 그림을 보면, 평범한 부르주아 남성들의 퇴폐적인 생활상을 사실 그대로 화폭에 담아내었음을 알 수 있습니다. 마네의 그림을 가장 큰 목소리로 힐난했던 사람들 또한 물론 당시 부르주아 남성들이었지요. 박지원이 조선 후기 양반 계층의 위선적인 현실을 고발하는 작품을 발표하였을 때, 양반들이 거칠게 반발했던 것과 다르지 않아 보입니다. 역설적이게도 부르주아 남성들을 불편하게 만들고 그들에게 혹평을 받았다는 사실로 인하여 마네는 자신의 목적을 이룬 셈입니다.

한편 마네가 이 그림을 그릴 때 '오마주'했다고 전해지는 원전(原典)이 있습니다. 마르칸토니오 라이몬디가 라파엘로의 작품을 본떠 만든 〈파리스의 심판〉이라는 판화인데요, 그림의 오른쪽 하단을 잘 보면 마네의 그림과 전반적인 구도나 인물들의 자세가 닮아 있음을 알 수 있습니다. 보통 '오마주'에는 선배 작가들의 작품에 대한 존경의 의미가 담겨 있습니다. 하지만 마네는 고전의 주제를 비틀어서 우스꽝스럽게 만듦으로써, '좋은 그림'의 기준과 풍자하려고 했던 대상을 더 효과적으로 비판할 수 있었습니다. 눈부신 여신을 성매매 여성으로 대체하고, 신의 자리에는 당시의 평범한 부르주아 남성들을 가져다 놓음으로써 그들의 치부를 드러내고 있는 것이지요.

마네가 오마주한 그림은 그뿐만이 아닙니다. 〈우르비노의 비너

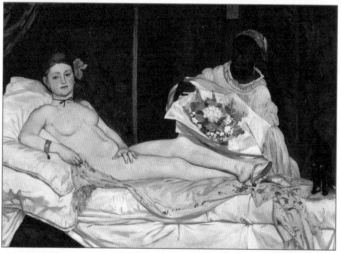

(위) 티치아노 베첼리오, 〈우르비노의 비너스〉(1538)
(아래) 에두아르 마네, 〈올랭피아〉(1863)

스)라는 16세기의 유명한 그림도 마네의 붓끝에서 새롭게 재탄생합니다. 바로 〈올랭피아〉입니다. 다들 한 번쯤은 보았을 법한 유명한 그림이지요. 티치아노는 미의 여신인 비너스의 아름답고 신비로운 자태를 그리려고 했습니다. 하지만 이를 모사한 〈올랭피아〉에서 마네가 그린 것은 비너스 여신이 아니라 역시 성매매 여성이었습니다. 겉보기엔 비너스의 자태를 그대로 옮김으로써 전통적인 관습에 따르는 것 같지만, 실제로는 본인이 살아가던 동시대의 부끄럽고 어두운 생활상을 그려 내려고 작정했던 것입니다.

나라와 시대는 달라도, 우리는 한마음

마네와 박지원은 살아간 시대도 다르고, 장소도 달랐습니다. 마네는 19세기 프랑스 화가였고, 박지원은 18세기 조선의 학자였지요. 전혀 다른 사회에서 나고 자랐음에도 불구하고 두 사람은 닮은 점이 많아 보입니다. 자신이 속해 있는 세계의 허위를 거침없이 폭로하고 정해진 기준에 순응하는 대신 참신한 시도에 앞장섰다는 점에서 그들은 더없이 잘 어울리는 조합입니다. 만약 두 사람이 교류할 수 있었다면, 베스트프렌드가 되지 않았을까요?

AI에게 물어봐!

AI에게 프랑스의 화가 마네 역할을 맡기고 그의 예술 세계에 관해 궁금한 점을 물어보자. 그다음 마네가 조선시대의 실학자 박지원의 작품을 읽었다고 가정하고, 그러면 박지원의 활동을 어떻게 생각했을지 물어보자.

이제부터 너는 프랑스의 화가 에두아르 마네야. 네가 생각하기에 '좋은 그림'이란 뭐라고 생각해?

(AI의 답변 바탕으로 요약)
"좋은 그림"이라… 제가 평생 고민한 질문이네요. 제 생각을 말씀드리자면:

첫째, "좋은 그림"은 화가의 솔직한 시선을 담고 있어야 합니다. 아카데미의 규칙이나 전통에 맹목적으로 따르는 것이 아닌, 화가가 실제로 보고 느낀 것을 진실되게 표현해야 하죠. 제가 항상 강조했던 "현대성"이란 바로 이런 것입니다.
둘째, 기술적 완성도는 중요하지만, 그것이 전부는 아닙니다. 제 그림 〈풀밭 위의 점심 식사〉가 살롱전에서 비난받았을 때, 그들은 원근법이 잘못됐다느니 명암이 부자연스럽다느니 했죠. 하지만 저는 기교보다 더 중요한 것이 있다고 믿었습니다. 그것은 바로 그림이 가진 생명력입니다.
셋째, "좋은 그림"은 시대와 대화할 수 있어야 합니다. 제가 현대 파리의 일상적인 장면들을 많이 그린 이유입니다. 신화

나 역사 속 이야기도 좋지만, 우리가 살아가는 지금 이 순간의 진실을 담아내는 것… 그것이 바로 진정한 예술이라고 생각합니다.

넷째, 전통을 이해하되 맹목적으로 따르지 않는 자세가 필요합니다. 제가 벨라스케스나 고야의 작품을 연구하고 존경했던 것은 사실이지만, 단순히 그들을 모방하지는 않았죠. 전통을 발판으로 새로운 것을 창조해야 합니다.

마지막으로, "좋은 그림"은 감상자의 상상력을 자극해야 합니다. 모든 것을 다 설명하는 그림보다는, 보는 이로 하여금 생각하게 만드는 그림이 좋은 그림이라고 봅니다. 제 작품 〈폴리 베르제르의 술집〉에서 거울 속 이미지가 불완전한 것도 이런 이유에서죠.

결국 "좋은 그림"이란 화가의 진실된 시선, 작품의 생명력, 동시대성, 전통의 창조적 계승, 그리고 상상력의 자극… 이 모든 것이 조화를 이루는 것이라고 생각합니다. 물론 이것은 제 개인적인 견해일 뿐, 절대적인 기준은 아니겠죠.

 너의 대답을 들으니 조선시대의 실학자 박지원이 떠올라. 박지원도 전통을 단순히 따르기보다는, 자신의 솔직한 시선과 목소리로 당대 사회에 관한 글을 썼거든. 네가 만약 박지원과 동시대 사람이었다면 어땠을 거 같아? 박지원의 「양반전」을 읽었다고 생각하고 이야기해 줄래?

 (AI의 답변 바탕으로 요약)
아, 박지원이라… 그의 「양반전」을 읽고 나니 우리가 참 비슷한 예술적 지향점을 가졌다는 생각이 드네요.

제가 파리 상류층의 관습적인 미술 취향에 도전했듯이, 박지원도 양반이라는 특권층의 허례허식을 날카롭게 풍자했더군요. 특히 「양반전」에서 가난한 양반이 자신의 신분을 돈 받고 팔았다는 설정이 인상적이었습니다. 제 그림 〈올랭피아〉가 당시 파리 사회의 위선을 드러냈다면, 그의 글은 조선 사회의 모순을 드러냈다고 할 수 있겠죠.

만약 제가 박지원과 같은 시대 조선의 화가였다면… 아마도 양반들의 초상화를 그리되, 전통적인 규범에서 벗어나 그들의 실제 모습을 담아내려 했을 것 같습니다. 화려한 관복 뒤에 숨은 인간적인 면모, 권위적인 자세 속에 드러나는 불안감 같은 것들 말이에요. 마치 제가 파리의 현대인들을 그렸듯이 말입니다.

제가 살았던 19세기 파리나 박지원이 살았던 18세기 조선이나, 결국 예술가의 역할은 같았던 것 같아요. 관습적인 형식을 뛰어넘어 시대의 진실을 담아내는 것… 그것이 진정한 예술가의 사명이 아니었을까요?

박지원과 저는 시대와 문화는 달랐지만, 예술을 통해 현실을 직시하고 이를 새로운 방식으로 표현하고자 했던 점에서 서로 공감할 수 있었을 것 같네요. 아마 우리는 좋은 예술적 동반자가 되었을 것 같습니다.

콩밭에서 금 캐기,
빚 내서 투자하기

#빚투 #행동경제학 #경제사회학

「금 따는 콩밭」은 1935년에 발표된 김유정의 단편소설입니다. 가난하지만 하루하루 우직하게 일해 오던 소작농 영식에게 수재가 솔깃한 이야기를 합니다. 영식이 경작하는 콩밭에서 금이 나올지도 모른다고요. 유혹에 넘어간 영식은 콩밭을 다 헤집기 시작합니다. 그러나 기대했던 금은 코빼기도 보이지 않고, 한 해 농사만 망치게 됩니다. 영식은 절망에 빠지고, 애초에 영식을 꼬드겨 한밑천 잡아 보려던 수재는 봉변을 당할까 두려워 달아나야겠다고 마음먹습니다.

성실하게 농사를 지어 오던 영식은 어째서 허황된 꼬임에 넘어간 걸까요? 심지어 자신의 땅도 아닌 빌린 땅을 파헤치며 '한 방 역전'에 매달리는 영식의 태도는 비합리적으로 보입니다. 왜 이들은 이토록 어리석은 행동을 일삼았을까요?

본래 경제학은 인간이 합리적인 존재라고 가정합니다. 하지만 현실은 꼭 그렇지 않았습니다. 그래서 오늘날 경제학자들은 인간의 비합리적인 행동도 설명하려 시도해 왔지요. 행동경제학은 그중 한 분야입니다.

또 한 가지 짚지 않을 수 없는 점은, 영식과 수재가 휘말려 버린 '한탕주의'는 사회경제적인 조건과도 밀접한 연관이 있다는 사실입니다. 이를 알고 보면 이해하기 어려운 소설 속 인물들의 생각과 마음이 조금 이해될지도 모릅니다.

'경제적 인간'은 정말 합리적일까?

우리는 늘 합리적으로 생각하고 행동하려고 노력하지만 어처구니없는 판단과 결정을 내릴 때가 참 많습니다. 행동경제학자들은 이 점에 주목했습니다. 사람들은 의외로 합리적인 행동만 하는 것이 아니라, 비합리적이고 비이성적인 결정을 내리는 경우가 많다는 것입니다. 이들은 인간의 이러한 비합리적인 결정들을 오랫동안 관찰하여 의미 있는 분석을 내놓기 시작했습니다. 주로 경제학을 심리학과 접목시켜 인간의 경제적 활동에 대해 새로운 시각을 제시하였는데요, 심리학자이면서 2002년 노벨경제학상을 수상한 대니얼 카너먼, 그리고 『넛지(Nudge)』(2008)라는 책의 저자인 리처드 탈러 등이 꽤 널리 알려진 행동경제학의 대가들입니다. 만약에 이들이 우리 문학작품 속 인물들의 행동을 지켜보면 어떤 경제적 분석을 내놓을까요?

섣부르게 농사만 짓고 있다간 결국 비렁뱅이밖에는 더 못 된다. 얼마 안 있으면 산이고 논이고 밭이고 할 것 없이 다 금쟁이 손에 구멍이 뚫리고 뒤집히고 뒤죽박죽이 될 것이다. 그때는 뭘 파먹고 사나. 자, 보아라. 머슴들은 짜기나 한 듯이 일하다 말고

후딱 하면 금점으로들 내빼지 않는가. 일꾼이 없어서 올엔 농사를 질 수 없느니 마느니 하고 동리에서는 떠들썩하다. 그리고 번동 포농이조차 호미를 내던지고 강변으로, 개울로 사금을 캐러 달아난다.

- 김유정, 「금 따는 콩밭」에서

행동경제학자들은 남들의 행동에 휩쓸려 주관적인 판단 없이 무작정 따라 하고 보는 인간의 행동을 '군집 행동'이라고 말합니다. 남들을 따라 금을 캐러 뛰어드는 영식과 수재의 행동은 군집 행동의 사례로 볼 수 있습니다.

오늘날 사람들도 부동산이나 주식, 혹은 암호화폐 등의 투자에 마구 뛰어들면서 '남들이 모두 하니까 나도 해야겠다'는 비이성적인 판단을 내릴 때가 많습니다. 위의 인용문에서 보듯이 영식과 수재가 콩밭에서 금을 찾겠다는 결정을 내린 것 역시 주위의 파다한 소문에 기댄 것이었습니다.

행동경제학의 또 다른 주요 개념으로는 '휴리스틱(heuristic)'이 있습니다. 휴리스틱은 시간이나 정보가 불충분하여 합리적인 판단을 할 수 없거나 굳이 체계적이고 합리적인 판단을 할 필요가 없는 상황에서 사람들이 신속하게 의사결정을 내리는 여러 메커

니즘을 의미합니다. 우리말로 옮기자면 '어림짐작'이라고 할 수 있겠습니다.

영식의 선택을 휴리스틱으로 설명해 보면 어떨까요? 금이 나올 것이라는 수재의 말에 대해서 합리적인 판단을 내리기에, 영식이가 얻을 수 있는 정보의 양에는 한계가 있었습니다. 오랫동안 소작을 붙이며 농사에만 열중했던 영식은 세상 물정에 밝지 못했고, 어느 땅에서 금맥을 찾을 수 있는지, 자신의 땅이 그런 조건에 부합하는지 따져 볼 수 있는 정보를 구할 수 없었기 때문에 그저 '어림짐작'으로 결정을 내릴 수밖에 없었던 것입니다.

과연 이런 영식을 단순히 어리석다고 비난할 수 있을까요? 사람들은 의사 결정을 할 때 중요한 모든 정보를 수집해서 꼼꼼히 따져 보기보다는 그동안의 경험이나 쉽게 얻을 수 있는 몇 가지 정보만을 바탕으로 쉬운 결론을 내리려고 하는 경향이 있습니다. 심지어 중요한 문제에서라도 그럴 때가 많습니다. 영식도 마찬가지였습니다.

아마도 영식은 성실하게 노동을 하는데도 불구하고 매년 남의 땅을 빌려 겨우 생계를 유지할 수 있었던 상황을 벗어나고 싶었을 것입니다. 그래서 충분히 따져 보지도 않고 자신의 땅에서 금이 나올 것이라고 믿고 싶었던 것입니다.

선택에는 항상 포기가 따른다

성실하기로 유명한 영식이 처음부터 금에 눈이 먼 것은 아니었습니다. 일확천금을 꾀하던 수재가 잠재된 영식의 욕망을 끊임없이 자극하자 영식의 마음이 결국 돌아서게 됩니다.

그들은 밥상을 끼고 앉아서 즐겁게 술을 마셨다. 몇 잔이 들어가고 보니 영식의 생각도 적이 돌아섰다. 딴은 1년 고생하고 끽 콩 몇 섬 얻어먹느니보다는 금을 캐는 것이 슬기로운 짓이다. 하루에 잘만 캔다면 한 해 줄곧 공들인 그 수확보다 훨씬 이익이다. 올봄 보낼 제 비료 값, 품삯, 빚에 빚진 7원 까닭에 나날이 졸리는 이 판이다. 이렇게 지지하게 살고 말 바에는 차라리 가로나 세로나 사내자식이 한번 해 볼 것이다.

"내일부터 우리 파 보세, 돈만 있으면야 그까짓 콩은…."

수재가 안달스레 재우쳐 보채일 제 선뜻 응낙하였다.

"그래 보세, 빌어먹을 거 안 됨 고만이지."

- 「금 따는 콩밭」에서

농사를 짓는 대신 금을 캐기로 함으로써, 영식은 '콩 몇 섬'마저도 수확할 수 없게 되었습니다. "금을 캐는 것"이 그깟 "콩 몇 섬"보다 더 큰 가치가 있을 것이라고 판단한 것입니다. 시간, 돈, 능력 등 우리에게 주어진 자원은 늘 제한적입니다. 그래서 인간은 모든 기회를 선택할 수 없습니다. 어떤 기회를 선택하는 것은 곧 나머지 기회들을 포기하겠다는 의미입니다. 그렇게 포기한 기회들 가운데 가장 가치 있는 것을 '기회비용'이라고 합니다. 영식의 경우에는 일 년 동안 열심히 농사를 지은 후에 수확하게 될 몇 섬의 콩이 기회비용인 셈입니다. 그런데 영식의 기회비용은 여기에 그치지 않고 훨씬 더 불어나게 됩니다.

> 애꿎은 콩밭 하나만 결딴을 냈다. 그뿐만 아니라 모두가 낭패다. 세 벌 논도 못 맸다. 논둑의 풀은 성큼 자란 채 어지러이 널려 있다. 이 기미를 알고 지주는 대로하였다. 내년부터는 농사지을 생각도 말라고 발을 굴렀다.
>
> — 「금 따는 콩밭」에서

금맥을 찾아 콩밭을 헤집느라 논농사를 돌볼 시간이 없게 되자, "콩밭 하나만 결딴"나는 데서 그치지 않습니다. "논둑의 풀은 성큼 자란 채" 방치되어 있고, 상황을 알게 된 지주는 내년부터

"농사 질 생각 말라"고 화를 냅니다. 이렇게 되면 영식의 기회비용은 천정부지로 늘어나게 됩니다. 논농사에서 나올 소출, 그리고 내년도 소작권까지 사라질 판이니까요.

본전은 찾아야지! vs 지금이라도 그만둬!

농사를 포기하고 금을 찾는 데 열중하다 보니, 어느새 영식의 아내가 당장의 끼니를 걱정해야 할 정도로 영식네는 곤궁한 생활에 빠질 수밖에 없었습니다.

이 꼴을 보니 아내는 맥이 다시 풀린다. (…) 남편에게 저녁을 갖다 주고 딱하게 바라본다.
"인제 꿔 온 양식도 다 먹었는데…."
"새벽에 산제를 좀 지낼 텐데 한 번만 더 꿔 와."
남의 말에는 대답 없고 유하게 흘게 늦은 소리뿐. 그리고 드러누운 채 눈을 지그시 감아 버린다.
"죽거리두 없는데 산제는 무슨…."
"듣기 싫어, 요망 맞은 년 같으니."

이 호통에 아내는 그만 멈칫하였다. 요즘 와서는 무턱대고 공연스레 골만 내는 남편이 영 딱하였다.

- 「금 따는 콩밭」에서

위 장면을 보면 영식은 금을 캐기 위해 아내의 반대에도 불구하고 추가 비용을 들일 결심을 합니다. 일단 어떤 행동을 선택하여 추진하다 보면, 그 과정과 결과가 만족스럽지 못하더라도 행동을 멈추지 못하는 경우가 있습니다. 이미 들인 시간과 노력과 비용이 아까워서, 혹은 남들에게 자신의 선택이 틀리지 않았음을 증명하기 위해 놓지 못하고 계속 해 보는 것입니다. 사람들은 한 번 비용이 들어가면 쉽게 포기하지 못합니다. 이때 이미 투자된 노력과 비용을 '매몰비용'이라고 합니다. 이미 써 버려서 더 이상 되찾을 수 없는 비용이라는 의미입니다.

영식은 왜 이렇게 되지도 않을 일을 그만두지 못할까요? 그가 금맥 찾는 일을 도중에 중단할 수 없는 이유는 바로 '매몰비용'에 대한 미련 때문입니다. 그동안 콩밭에 투입된 노동력과 시간, 꾸어 온 양식, 제사에 들어간 비용이 모두 영식의 매몰비용입니다. 소작농으로서는 감당하기 힘든 엄청난 비용이죠. 일단 시작한 행동을 적자로 마감하지 않으려는 경제적 심리 때문에, 적절한 선에서 손실을 감수하고 물러나지 못하는 것입니다. 도박에 빠진 중독자가 본전을 찾으려고 계속 도박판에 앉게 되는 것과 유사한 심리라고 할 수 있습니다.

경제학자들은 입을 모아 매몰비용에 집착하지 말라고 조언합니다. 어차피 써 버렸고, 다시 회수하기도 어렵다면 훌훌 털어 버리고 다른 일을 하라는 것입니다. 그러지 않고 지나치게 '매몰 비용'에 집착하게 되면 걷잡을 수 없는 상황으로 치달을 수밖에 없습니다. 소설에서 영식은 열심히 금을 캐면서도 흙에 묻히는 콩잎을 보며 아쉬워합니다. 어쩌면 영식은 그때 콩밭에서 금을 캐는 행위가 헛된 짓이라는 것을 내심 알아차렸을지도 모릅니다. 그런데 불행하게도, 이때 수재가 또다시 결정적인 악마의 유혹을 날립니다. "내일부터 우리 파 보세, 돈만 있으면야 그까짓 콩은…."

영식이 수재의 유혹을 뿌리치고 '콩밭에서 금 따는' 일을 포기했더라면 어땠을까요? 매몰비용을 최소화하는 동시에, 적절한 손실에서 교훈을 배우고 다시 성실한 농사꾼으로 되돌아가지 않았을까요? 막대한 기회비용과 매몰비용을 날려 버린 영식은 더 멀리 가기 전에 어서 돌아서야 했습니다. 행동경제학자들의 눈에 영식과 수재는 바보 같은 집착에 빠져 버린 비이성적인 인간으로 비칠 것입니다.

'빚투'와 '영끌'에 빠지는 청년들은
정말 바보인 걸까?

오늘날에도 많은 사람들이 영식과 수재와 비슷한 실수를 곧잘 저지르고 있습니다. 최근 몇 년간 '빚투'와 '영끌'이라는 용어가 들불처럼 번졌습니다. 말 그대로 '빚을 내서 투자'하고, '영혼까지 끌어모아' 투자한다는 뜻의 신조어였습니다. 심지어는 도박에 빠져 전 재산을 탕진하였다는 사람들의 이야기도 심심찮게 들려옵니다. 위험을 부담하더라도 한몫 잡아 보겠다는 속셈이지만, 확률적으로 쉬울 리가 없습니다. 그런데도 어째서 이런 사람들이 많이 나타나는 걸까요? 행동경제학자들의 분석에 의하면, 사람들은 아무리 낮은 확률이라도 그게 자기 자신이 될 수 있다고 쉽게 믿어 버리는 심리적 경향이 있다고 합니다. 바로 근거 없는 과잉 낙관주의입니다. 어른들이 당첨 가능성이 제로에 가까운 복권을 사는 행위도 비슷한 심리가 작동하기 때문입니다.

그런데 요즘의 영끌이나 빚투 현상을 다른 시각으로 바라보는 입장도 있습니다. 바로 경제사회학자들입니다. 경제사회학은 다양한 경제 현상의 이면에서 사회적 원인을 찾아내고 연구하는 학문입니다. 경제사회학자들은 우리나라의 2030세대가 처한 현재의 사회적 현실에 주목해야 한다고 주장합니다. 오늘날에는 부동산 가격의 급격한 상승과 빈부 격차의 심화 등으로 인해 성실하게 벌어 모으는 근로소득만으로는 자산을 증식할 수 없는 지경에 이르렀습니다. 심지어는 번듯한 집 한 채 장만하는 것도 거의 불가능해졌습니다. 아무리 열심히 일을 하더라도 계층 이동이 불가능해진 절망적인 상황에서는 청년들이 희망을 둘 곳이 마땅치 않다는 것입니다. 청년들은 근로소득이 그들의 미래를 보장해 주지 않는다는 것을 너무나 잘 알고 있기 때문에 주식이든, 부동산이든, 암호화폐든 더욱더 투자에 몰두하게 된다는 것이 경제사회학자들의 분석입니다.

자신의 미래를 위해 '영혼까지 끌어 모아야 하는' 처지에 놓인 청년들의 선택을 과연 비합리적이라고 단언할 수 있을까요? 그들은 그저 어리석은 사람들에 불과한 것일까요? 이러한 관점을 빌리면, 우리가 앞서 읽은 「금 따는 콩밭」도 달리 읽힐 수 있습니다. 김유정이 이 소설을 쓴 시기는 엄혹한 일제의 강제 통치가 이어지는 1930년대였습니다. 궁핍한 벽촌에서 매년 뼈 빠지게 농사를 지어도 소작농들의 처지는 좀처럼 나아질 기미가 보이지 않았을 것입니다. 아마 영식 또한 암담하고 팍팍한 이런 현실에서 어떻게든 벗어나고 싶었을 뿐 아닐까요? 이렇게 보면 「금 따는 콩밭」은 궁핍에서 벗어나 보려고 발버둥 치는 농민의 처절한 상황을 고발하는 처연한 작품이 됩니다. 같은 소설이라도 이렇게 달리 읽을 수 있다는 사실이 정말 새롭지 않나요?

AI에게 물어봐!

'빚투'와 '영끌' 현상에 관한 토론을 한다고 가정하고, 각자 입장을 정하여 AI의 도움을 받아 논설문을 써 보자. 그런 다음 AI에게 반대 입장에서 반박해 달라고 요청하여 두 가지 입장을 고루 검토해 보자.

 '빚투'와 '영끌' 현상에 관해 토론을 하려고 해. 행동경제학자의 입장에서, 빚을 내어 투자하는 사람들의 비합리적인 판단을 비판하는 근거를 알려 주고, 발제문의 개요를 짜 줄래?

 (AI의 답변 바탕으로 요약)

'빚투'와 '영끌' 현상의 행동경제학적 분석: 비합리적 투자 행태의 위험성과 그 심리적 기제

- **서론** 최근 한국 사회에서 '빚투'(빚내서 투자)와 '영끌'(영혼 까지 끌어모아 투자) 현상이 사회적 문제로 대두되고 있다. 이는 단순한 투자 행태를 넘어 심각한 사회경제적 리스크를 내포하고 있다.

- **행동 경제학적 분석 관점**
1. 인지적 편향과 비합리성
- 과신 편향(Overconfidence Bias): 투자자들은 자신의 투자 능력을 과대평가하고, 시장 예측 가능성에 대한 비현실적인 믿음을 가지고 있다.

– 확증 편향(Confirmation Bias) : 자신의 투자 결정을 지지하는 정보만 선택적으로 수용하고, 위험 신호를 무시하는 경향이 있다.

– 손실 회피 편향(Loss Aversion) : 손실 발생 시 만회하려는 심리로 추가 대출을 받는 경향이 있다.

2. 군집 행동과 사회적 압박

– 쏠림 현상(Herding Effect) : "남들은 다 한다"는 인식과 FOMO(Fear of Missing Out) 심리

• 위험성 분석

1. 개인적 차원

– 과도한 레버리지로 인한 재무적 취약성

– 금리 상승 시 원리금 상환 부담 급증

– 자산 가격 하락 시 마이너스 자산 위험

2. 사회적 차원

– 가계 부채 증가로 인한 거시 경제 리스크

– 자산 시장 변동성 증폭

– 금융 시스템 안정성 위협

• 정책적 제언

– 금융 교육 강화 : 레버리지 투자의 위험성을 교육하고, 합리적 투자 의사 결정 능력을 배양해야 한다.

– 제도적 보완 : 대출 심사 기준을 강화하고, 투기성 자금 유입을 제한해야 한다.

• 결론 빚투와 영끌 현상은 다양한 인지적 편향이 복합적으로 작용한 결과이다. 개인과 사회의 지속 가능한 발전을 위해서는 이성적이고 장기적인 관점의 투자 문화 정착이 필요하다.

이번에는 경제사회학자의 입장에서, '빚투'와 '영끌'을 단순히 어리석은 투기로만 볼 수는 없다는 점을 지적해 줄래? 사회경제적 취약성이 청년들의 투기를 부추긴다는 내용의 논설문을 1,000자 이내로 작성해 줘.

(AI의 답변 바탕으로 요약)

'빚투'와 '영끌'은 단순히 어리석은 투기 행태로만 볼 수 없다. 이는 청년층의 심각한 사회경제적 취약성이 반영된 결과라고 봐야 한다.

– 첫째, 청년들이 직면한 취업난과 저임금, 불안정 고용 문제는 이들의 경제적 기반을 약화시킨다. 높은 주거비와 생활비 부담 속에서 미래에 대한 불안감이 커질 수밖에 없다. 이런 상황에서 투자로 일확천금을 노리는 것은 어쩌면 합리적 선택일 수 있다.

– 둘째, 청년층의 자산 형성 기회 부족은 세대 간 자산 격차를 벌리고, 이는 다시 계층 이동의 사다리를 약화시킨다. 부모의 자산을 물려받지 못한 청년들은 빚투나 영끌 외에 마땅한 자산 형성 수단이 없다. 이는 불평등의 악순환을 낳는다.

– 셋째, 청년들의 투기적 행태는 단순히 개인의 선택으로 볼 수 없다. 금융 자본주의 체제 아래에서 모두가 공정한 기회를 잡기 위해 치열하게 경쟁하도록 내몰리고 있기 때문이다. 이런 구조적 압박이 청년들의 투기를 부추기는 요인이 된다.

결국 '빚투'와 '영끌'은 청년층의 절대적 경제력 부족, 자산 기회의 불평등, 그리고 극심한 경쟁 구조가 낳은 부작용이다. 따라서 이에 대한 해법을 모색할 때는 단순히 투자 행태의 비합리성을 지적하는 것을 넘어, 청년층의 사회경제적 취약성을 해결하는 방향으로 나아가야 할 것이다.

아무 계약이나 하면 안 되는 이유!
너는 아는데 왜 나만 몰라?

#레몬 시장 #계약 이론 #웃픈

'레몬 시장'이라는 용어가 있습니다. '레몬 시장'은 너무 시어서 먹기 힘든 레몬의 특성에서 유래한 말입니다. 노랗고 동그란 레몬이 먹음직스러워 보여서 한입 베어 물었다가, 깜짝 놀라 다시 뱉어 본 경험이 한 번쯤은 있을 것입니다. 물건을 사고팔 때, 구매자와 판매자 간에 정보가 비대칭적으로 주어지는 시장을 바로 '레몬 시장'이라고 합니다. 겉보기엔 괜찮은데 알고 보면 불량품만 나도는 시장을 뜻하는 말입니다.

중고차 시장은 '레몬 시장'의 대표적인 사례입니다. 저도 중고차 시장에서 차를 한번 구입한 적이 있는데요, 일반적인 시세보다 저렴한 가격에 혹해 간단한 시승을 마치고 곧바로 계약을 하였지요. 그런데 며칠 만에 문제가 생겨 정비소에 들러야 했어요. 겉보기엔 아무 문제 없었는데, 알고 보니 예전에 큰 사고를 당한 차였던 것입니다. 얼마나 감쪽같이 고쳐 놓았는지, 전문가가 아닌 사람으로서는 전혀 눈치챌 수 없을 정도였습니다. 판매자가 나쁜 마음을 먹고 결함을 숨기면 구매자는 속절없이 당할 수밖에 없는 셈입니다. 이처럼 거래 당사자들이 서로 가지고 있는 정보량이 비슷하지 않고 어느 한쪽에 일방적으로 쏠려 있는 상황을 '정보의 비대칭' 상태라고 말합니다. 이런 경우에 이루어지는 계약은 대부분 불평등한 계약일 수밖에 없습니다.

자라가 토끼에게 속을 수밖에 없었던 이유

　사람들은 물건을 살 때 주어진 조건하에서 최선의 선택을 내리려고 합니다. 그런데 중고차 시장과 같은 레몬 시장에서는 좋은 상품을 싸게 구입하지 못하고, 나쁜 상품을 비싸게 구매하게 되는 '역선택'이 시장에 난무하게 됩니다. 역선택이 이어지면 구매자는 손해를 보지 않기 위해 선뜻 지갑을 열지 않으려 합니다. 결국 전체적인 시장이 모두 위축되고 마는 것입니다. 당장의 이익을 위해 상대방을 속이다 보면, 장차 본인은 물론 사회 구성원 모두에게 안 좋은 결과로 이어질 수 있습니다. '정보의 비대칭'을 주의하고 경계해야 하는 이유입니다.

　'정보의 비대칭' 하니 떠오르는 옛날 이야기가 있지 않나요? 바로 『별주부전』입니다. 용궁의 신하인 별주부(자라)는 몸져누운 용왕을 위해 특효약이라는 토끼 간을 구하러 육지에 올라옵니다. 힘들게 토끼를 꾀어 겨우 용궁으로 데려오는 데까진 성공했는데, 토끼는 안타깝게도 간을 육지에 두고 왔다고 고합니다. 바닷속에서만 살아온 용궁의 신하들은 육지 동물인 토끼의 간이 배 안에 있는지, 배 밖에 있는지 아무런 정보도 알지 못합니다. 뭔가 이상한 것 같지만, 토끼를 보는 것조차 처음이었던 그들로서는 뭐라 대꾸

할 말이 없습니다. 함부로 배를 갈랐다가 정말로 간이 없다면 더욱 난처한 상황이 될 것이고요.

토끼는 이처럼 자신만 알고 있고 상대방이 모르는 정보를 이용해 일방적으로 유리한 협상을 이끌어 냅니다. 용궁의 신하들 중 한 명이라도 토끼에 대한 정확한 정보를 알고 있었다면, 이들은 육지에 나가 간을 가져오겠다는 터무니없는 제안에 응하지 않았을 것입니다. 이익이 아니라 자기 목숨을 구하기 위해 기지를 발휘한 토끼를 탓할 수는 없겠지만, 별주부 입장에서는 억울할 수밖에 없는 일입니다. 그렇다면 『별주부전』 외에 다른 문학작품들에서는 '정보의 비대칭'이 어떻게 그려질까요? 또 경제학자들이라면 이런 상황에서 어떤 조언을 건넬까요?

사위를 부려 먹는 장인의 속마음은?

김유정의 단편소설 「봄봄」은 작가 특유의 해학적인 문체와 토속적인 소재가 잘 어우러진 작품으로 알려져 있습니다. 제3자 입장에서 보면 우스꽝스럽고, 결혼만을 고대하며 매번 속아 넘어가는 주인공에게 이입하면 서글픈, '웃픈' 소설이지요. 그렇다면 이번에는 경제적인 관점으로 이야기를 읽을 차례입니다.

작품의 서술자이면서 주인공인 '나'는 '봉필'의 예비 데릴사위입니다. 봉필은 '나'에게 자신의 집에 와서 열심히 일을 하다 보면, 딸 '점순이'의 키가 크는 대로 결혼을 시켜 주겠다고 약속합니다. 그 말을 철석같이 믿은 '나'는 아무 보상도 받지 않고 점순이네 집에서 머슴처럼 일을 하지요. 기다리다 지친 '나'가 혼인을 수시로 재촉해도 장인인 봉필은 계속해서 미루기만 합니다. 점순이의 키가 아직 덜 자랐다는 핑계를 대면서요. '나'는 점순이의 키가 어서 자라기만을 하염없이 기다리지만, 점순의 키는 좀처럼 자라지를 않습니다. 아무래도 뭔가 잘못되었다는 것을 눈치챈 '나'는 다음과 같이 한탄합니다.

이래서 나는 애초 계약이 잘못된 걸 알았다. 이태면 이태, 3년이면 3년, 기한을 딱 작정하고 일을 해야 할 것이다. 덮어놓고 딸이 자라는 대로 성례를 시켜 주마, 했으니 누가 늘 지키고 선 것도 아니고, 그 키가 언제 자라는지 알 수 있는가. 그리고 난 사람의 키가 무럭무럭 자라는 줄만 알았지 볼박이 키에 모로만 벌어지는 몸도 있을 것을 누가 알았으랴. 때가 되면 장인님이 어련하랴 싶어서 군소리 없이 꾸벅꾸벅 일만 해 왔다. 그럼 말이다,

장인님이 제가 알아차려서, '어 참, 너 일 많이 했다. 고만 장가 들어라.' 하고 살림도 내주고 해야 나도 좋을 것이 아니냐.

– 김유정, 「봄봄」에서

'나'의 한탄 속에서 정보의 비대칭 문제가 불거집니다. 장인인 봉필은 '나'가 알 수 없는 점순에 대한 정보를 이미 많이 알고 있습니다. 봉필은 점순이가 태어나서 지금까지 어떤 속도로 자라 왔는지 곁에서 지켜봐 왔고, 다른 가족들의 성장 패턴도 다 알고 있습니다. "사람의 키가 무럭무럭 자라는 것만 알았"던 '나'와 달리, 봉필은 "모로만 벌어지는 몸도 있는 것을" 진즉 알고 있었던 것입니다.

'나'의 실수는 그것만이 아닙니다. '나'는 장인의 속마음을 알지 못하면서도, 그의 '말'만 믿고 일을 해 주었습니다. "때가 되면 장인님이 어련하랴" 하는 추측만으로요. 만일 봉필에게 '나'를 머슴처럼 실컷 부려 먹기만 하다가 적당한 때에 언약을 무르려는 의도가 있었다면, 그 역시 '나'로서는 꿈에도 생각지 못한 결정적인 비대칭 정보가 존재했던 셈입니다.

이처럼 봉필의 정보와 '나'의 정보는 심각한 비대칭 관계를 이루고 있습니다. 봉필은 머슴을 따로 두면 들어가는 인건비를 아끼기 위해, 결혼을 시켜 준다고 '나'를 꾀어 데릴사위를 들인 것입니다. 봉필의 이런 못된 의도를 알 리 없는 '나'는 오로지 점순이와의 신혼살림만을 기대하며 돈 한 푼 받지 않고 머슴 노릇을 할 수밖에 없었던 것이지요. 허울만 데릴사위였던 셈입니다. 어떻게 하면 이런 불공정한 계약을 사전에 방지할 수 있을까요?

노벨경제학상 수상자가 '봄봄'을 들여다보다

한쪽만 계속 이익을 보는 불공정 계약은 언젠가 갈등으로 이어집니다. 심지어 정보의 비대칭을 악용한 경우라면 말할 것도 없습니다. 「봄봄」에서도 마침내는 '나'와 '장인'이 치열한 싸움을 벌입니다. 소설에서 가장 '웃픈' 장면이지요.

> 그러나 이때는 그걸 모르고 장인님을 원수로만 여겨서 잔뜩 잡아당겼다.
> "아! 아! 이놈아! 놔라, 놔."
> 장인님은 헛손질을 하며 솔개미에 챈 닭의 소리를 연해 질렀다.
> 놓긴 왜, 이왕이면 호되게 혼을 내 주리라 생각하고 짖궂게 더

댕겼다마는 장인님이 땅에 쓰러져서 눈에 눈물이 피잉 도는 것을 알고 좀 겁도 났다.

"할아버지! 놔라, 놔, 놔, 놔, 놔."

－「봄봄」에서

장인에게 복수하는 이 장면을 우리는 해학적이라고 느끼지만, 사실 인물들의 입장에서 보면 계약 당사자 간의 갈등이 최고조에 이르러 폭력적으로 분출되는 장면이라고 할 수 있습니다. 하지만 이러한 갈등이 정말로 불가피한 것이었을까요? '정보의 비대칭'은 해결할 수 없는 문제일까요? 경제학자들이라면, 이들의 상황을 두고 어떤 조언을 해 줄 수 있었을까요?

2016년 노벨경제학상 공동 수상자로 선정된 올리버 하트와 벵트 홀름스트룀이 발전시킨 '계약 이론'이 힌트가 될 수 있습니다. 계약 이론이란 모든 경제 관계는 계약으로 이뤄져 있으므로, 계약 조건이 투명할수록 양측이 만족하는 합의가 도출되기 쉽고, 결과적으로 사회 전체의 효용이 증가한다는 이론입니다. 어떻게 보면 굉장히 당연한 이야기 같기도 한데, 그렇다면 「봄봄」에 직접 계약 이론을 적용해 본다면 어떨까요?

앞에서 장인 봉필은 점순이의 키가 얼마나, 어떤 속도로 자랄

지에 관한 정보가 많다고 하였습니다. 하지만 예비 사위에 대한 정보는 상대적으로 적은 상태였겠지요. 봉필이 대가도 받지 않으면서 불평 없이 3년이나 일하는 '예비 사위'를 집에 들인 건 순전히 우연이었을 수도 있습니다. 어쩌면 봉필은 사위가 결혼하고 난 뒤에 변할까 걱정하여 최대한의 이익을 내기 위해 불공정한 계약을 맺었을지도 모릅니다.

노벨경제학상 공동 수상자인 두 교수라면, '나'와 봉필이 구체적이고도 명확한 계약 조건을 걸었어야 한다고 조언할 것입니다. 예를 들면 '○○○○년 ○월 ○일까지 일하고, ○○○○년 ○월 ○일에 결혼을 한다.'와 같은 계약 문구가 필요했다는 말입니다. 그런데 이렇게 기간을 미리 정해 놓으면 '도덕적 해이'가 발생할 수도 있습니다. 사위 입장에서 보면 어차피 시간만 지나면 결혼을 할 수 있잖아요? 그렇기 때문에 주어진 일을 불성실하게 할 수 있다는 것이지요.

그러면 장인 입장에서는 어떤 조건을 걸어 이를 방지할 수 있을까요? 경제학자들이라면 사위에게 열심히 일할 수 있도록 동기를 부여하는 인센티브를 제안하라고 조언할 것입니다. '농사가 2년 이상 풍년이면 정해진 결혼 날짜를 반년 앞당긴다'라든지, '농작물을 일정량 초과하여 생산하면 나머지 초과 부분을 사위에게 주어 장가 밑천으로 쓸 수 있도록 한다'와 같은 조건을 걸면 된다는 얘기입니다. 이렇게 하면 정보의 비대칭도 감소되고, 불확실성으로 인한 불공정 계약도 사라지게 될 것입니다.

사람은 누구나 자신에게 유리한 조건으로 계약을 맺고 싶어 합니다. 하지만 상대방을 속이는 것이 아니라 정보를 투명하게 공개하고 각자에게 유리한 계약 조건들을 조율하게 된다면 계약 쌍방에게 모두 장기적으로 이로운 결과가 도출되는 것이지요. '나'뿐만 아니라 장인 봉필에게도 말입니다. 만약 이들이 이러한 원칙에 따라 계약을 맺었다면 물리적 충돌이 벌어질 일도 없었을 것입니다. 장인 봉필은 질적으로 우수한 노동력을 안정적으로 공급받을 수 있고, 사위 역시 원하는 신부와 시간을 앞당겨 결혼하거나 살림 밑천을 두둑이 마련할 수 있었을 테니까요. 이처럼 문학적 상황을 경제학자의 눈으로 바라보니 작품 속 인물들의 심리나 행동 하나하나가 또 다르게 보이지 않나요?

AI에게 물어봐!

'정보의 비대칭'으로 인한 계약 사기 사건을 소재로, AI를 활용하여 짧은 단편소설이나 논설문을 완성해 보자.

 최근에 전세 사기 사건 등이 유행하고 있는데, 이런 사회적 문제를 반영하는 단편소설을 쓰고 싶어. '정보의 비대칭'을 주요 소재로 활용해서 소설의 개요를 짜 줄래? 배경은 2020년대 대학가로 설정해 줘.

 (AI의 답변 바탕으로 요약)

제목: 「사라진 보증금」

배경

2020년대 서울의 대학가. 전세난이 심화된 상황에서, 대학생들은 좁은 월세방보다 상대적으로 경제적 부담이 적은 전셋집을 찾고 있다. 하지만 정보의 비대칭이 심화된 부동산 시장에서, 세입자들이 제대로 된 정보 없이 사기꾼에 노출되는 일이 빈번하게 발생한다.

줄거리

대학생 지훈은 집이 지방에 있는 관계로 서울 대학가에서 전셋집을 구하려 한다. 경제적 여건이 넉넉지 않은 지훈은 부모님의 보증금 지원과 학자금 대출로 어렵게 마련한 돈으로 전세를 구한다. 하지만 경험도 정보도 부족한 지훈은 보증금에 대해서는 확인할 방법이 없고, 마침 부동산에서 소개받은 집

주인 김 씨는 세입자에게 인기 있는 신축 원룸을 전세로 싸게 내놓았다며 그를 설득한다.

김 씨는 여러 차례 "안심할 수 있다"는 말을 되풀이하며 계약을 서두르지만, 지훈은 김 씨가 제공하는 서류를 제대로 읽지 못하고, 계약 후에야 주변에서 해당 계약에 문제가 있다는 사실을 알게 된다. 그 후 지훈은 수소문 끝에 김 씨가 사람들의 전세 보증금을 돌려주지 않는 악성 사기꾼임을 알게 된다.

소송을 진행하기에는 자금과 시간이 부족하고, 결국 지훈은 대학 생활과 미래에 큰 불안감을 안게 된다. 친구와 주변의 도움을 받으며 지훈은 사기 사건 해결을 위해 고군분투하지만, 법적 절차는 더디기만 하다. 그러던 중 지훈은 이 같은 사건이 정보의 비대칭을 교묘하게 이용한 것임을 깨닫고, 이를 대학과 지역사회에 알리는 활동을 시작한다.

핵심 갈등

- 정보의 비대칭: 집주인은 임차인이 가진 정보의 한계를 악용하여 사기를 친다. 지훈은 계약 당시 얻을 수 있는 정보가 제한적이라 안전한 거래를 보장받기 어려운 상황이다.
- 세입자의 취약한 법적 보호: 법적 지원이 약해 어려움을 겪는 지훈의 상황을 통해 사회적 문제를 비춘다.

결말

지훈은 부당함을 알리고 소송을 진행하며 자신의 피해 상황을 공유한다. 이러한 노력이 계기가 되어 대학가에서 전세 사기에 대한 경각심이 커지고, 일부 학생들은 이를 해결하기 위한 정보 공유 네트워크를 만든다. 지훈은 아픔을 겪었지만 그 경험을 바탕으로 타인의 위험을 줄이는 데 일조하면서 작은 공동체의 변화를 이끄는 사람으로 성장한다.

세입자의 보증금으로 집을 구매하고, 시세 차익을 노리는 '갭 투자'를 문제로 부각시켜서 줄거리를 더 구체화해 줄래?

(AI의 답변 바탕으로 요약)

대학생 지훈은 집이 지방에 있는 관계로 대학가에 전셋집을 구하려 한다. 부모님의 도움과 대출을 통해 겨우 마련한 전세 자금으로 마음에 드는 원룸을 찾게 되지만, 해당 집의 집주인 김 씨는 다수의 부동산을 갭 투자 방식으로 매입한 상태다. 김 씨는 집값 상승을 기대하고 갭 투자를 계속 늘려 왔지만, 최근 부동산 시장 침체로 인해 지훈의 보증금을 돌려줄 여력이 없어진다.

지훈은 계약 직후부터 집에 하자가 많다는 걸 느끼고, 부동산에 여러 차례 항의하지만 김 씨는 시세가 하락한 집을 방치하고 연락을 끊어 버린다. 결국 지훈은 다른 피해자들과 함께 김 씨의 집들을 확인하면서 김 씨가 갭 투자로 여러 주택을 매입해 위험한 상황을 만들었다는 것을 알게 된다. 김 씨의 금융 상황이 악화되면서 다수의 세입자들이 같은 위험에 처한 것을 깨닫고 갭 투자로 인한 전세 보증금 반환 불가 문제를 실감하게 된다.

지훈은 이 문제를 사회에 알리기 위해 대학가 주변에서 갭 투자와 전세 사기 위험성에 대한 캠페인을 벌인다. 학내 커뮤니티와 협력하여 비슷한 피해를 막기 위한 정보 제공 및 안전한 계약 방법에 대해 논의하는 소규모 커뮤니티를 결성한다. 지훈의 노력 덕분에 캠페인이 널리 퍼져, 다른 학생들이 무리한 갭 투자로 인한 피해를 방지하고자 계약 전 주의해야 할 정보와 방법을 공유한다.

이번에는 '갭 투자'의 위험성을 지적하고 제도적인 보완을 요구하는 논설문을 써 줄래? 예상되는 반대 주장에 대한 반박도 글 속에 포함시켜 줘. 분량은 600자 이내로.

(AI의 답변 바탕으로 요약)

갭 투자, 과연 누구를 위한 것인가

최근 부동산 시장에서 '갭 투자'의 폐해가 두드러지고 있다. 전세금을 끼고 주택을 매입하는 방식인 갭 투자는 투자자에게는 적은 자본으로 높은 수익을 얻을 기회를 제공하지만, 서민 주거 안정과 공정한 시장 질서를 위협하기도 한다.

갭 투자는 전세 세입자에게 막대한 위험을 떠넘긴다. 투자자의 자금 부족이나 주택 가격 하락으로 전세금을 돌려주지 못하는 경우, 세입자는 생계 기반을 잃을 수 있다. 또한, 갭 투자는 주택 가격을 인위적으로 상승시켜 무주택 서민의 내 집 마련 꿈을 멀어지게 한다.

"시장에 맡겨야 한다"거나 "갭 투자가 주택 공급을 촉진한다"는 갭 투자 옹호 측의 주장은 현실을 외면한 논리다. 갭 투자는 주택을 실수요자가 아닌 투자 대상으로 삼아 공급 구조를 왜곡한다. 임대차 시장의 불안정성은 세입자와 소유자 모두에게 악영향을 미치며, 시장의 자율적 조정 능력은 이미 신뢰를 잃은 상태다.

이를 해결하기 위해서는 우선 갭 투자에 대한 규제가 필요하다. 전세보증금 반환 보증 보험의 의무화를 통해 세입자의 피해를 최소화하고, 다주택자에 대한 차등 과세를 강화하여 무분별한 주택 매입을 억제해야 한다. 무엇보다도 서민을 위한 공공 임대주택을 확대해 투자 중심이 아닌, 주거 중심의 시장을 구축해야 한다.

5교시

어제를 통해 내일을 보는 국어 시간

국어 × 미래

13

알고 보니 이미
메타버스에서 살고 있었다,
『구운몽』과 「만복사저포기」

#가상현실 #증강 현실 #환생

2018년에 방영된 〈알함브라 궁전의 추억〉이라는 드라마를 기억하나요? 주인공이 렌즈를 눈에 끼는 순간 현실의 공간이 게임의 무대로 바뀌는 참신한 설정의 드라마였습니다. 현실과 게임이 겹쳐진다니 저로서는 처음 접하는 흥미진진한 기술이었지요. 나중에서야 그것이 '증강 현실(AR)'이라고 불리는 메타버스 기술의 일종이라는 것을 알 수 있었습니다.

'메타버스(metaverse)'는 '너머'라는 의미의 '메타'와 '세계'를 뜻하는 '유니버스'의 합성어로, 간단히 말해 현실 세계를 초월해서 만들어 낸 다양한 세계를 일컫는 말입니다. 메타버스에는 네 가지 유형이 있습니다.

첫째, '가상 세계'는 현실 세계와 유사하게 디지털로 구현한 가상의 공간입니다. 〈마인크래프트〉, 〈심즈〉, 〈로블록스〉, 〈제페토〉 등이 있습니다. 둘째, '증강 현실'은 실재하는 현실에 실재하지 않는 가상을 겹쳐 보이게 만든 것입니다. 도로 위에 이미지를 덧입혀 길을 안내하는 자동차 내비게이션이나 현실에 출몰한 포켓몬을 잡는 게임 〈포켓몬 고〉가 대표적입니다. 셋째, '라이프로깅'은 현실 세계에서의 일상적 경험과 정보를 기록하는 공간을 말합니다. 인스타그램, 페이스북, 트위터 같은 SNS들이 여기에 해당합니다. 마지막 '거울 세계'는 현실 세계를 거울처럼 사실적으로 모사한 디지털 세계로, '구글 어스'가 대표적 예입니다.

지금과 다른 인생을 살 수 있다면?

여러분은 아마 들어 본 적 없을 테지만, 트위터나 페이스북 이전에는 린든랩(Linden Lab)이라는 회사가 있었습니다. 린든랩은 2003년에 〈세컨드 라이프(Second Life)〉라는 독특한 게임 서비스를 내놓아 사람들의 관심을 모았습니다. 유저들에게 '가상현실'을 제공하는 일종의 '원조 메타버스'였습니다.

〈세컨드 라이프〉에서는 성격이나 능력은 물론이고 성별까지 세밀하게 아바타를 설정할 수 있었습니다. 유저들이 달성해야 하는 특정한 목표가 주어지지 않고, 말 그대로 '두 번째 삶'을 살아 나가도록 꾸려진 자유로운 공간이었어요. 지금 다니고 있는 직장 외에 다른 직업을 체험하고 싶다거나, 현실에서와 다른 정체성으로 살아 보고 싶은 사람들에게 〈세컨드 라이프〉는 매력적인 공간을 제공해 주었습니다.

또 다른 가상현실이 펼쳐지는 〈심즈(The Sims)〉는 일종의 인생 시뮬레이션 게임입니다. 〈세컨드 라이프〉보다 더 먼저 나오고, 더 폭발적인 인기를 끈 이 게임은 유저들이 게임 속에서 아바타들의 삶을 관리하며, 각자의 인생 스토리를 만들어 주는 자유로운 '가상현실'입니다. 〈세컨드 라이프〉가 사회적 상호작용과 경제활동,

창작 등을 할 수 있는 플랫폼이라면 〈심즈〉는 주로 혼자 플레이하며 '심', 곧 아바타들의 미시적인 일상생활에 집중한다는 차이가 있습니다. 마치 아이가 인형놀이를 하는 것 같이 일상에서 펼쳐지는 소소하고 깨알 같은 설정이 〈심즈〉의 매력입니다. 아바타들을 재우고, 먹이고, 입히고 산책도 시켜 줘야 합니다. 이웃과 만나서 사회적 관계를 쌓게 해 주고 직장을 구할 수 있도록 공부도 시켜야 합니다. 유저가 캐릭터를 어떻게 설정하느냐에 따라 그 캐릭터가 멋진 이성과 사귈 수도 있고, 결혼하여 온전한 인생을 꾸려 나갈 수 있게 됩니다. 모두가 선망하는 슈퍼스타나 막강한 정치인이 될 수도 있고, 즐거운 파티와 여가를 만끽하는 아바타를 만들 수도 있습니다.

옛 소설 속에서 메타버스의 흔적을 찾다

그런데 이런 '메타버스'는 어느 날 갑자기 새롭게 나타난 개념일까요? '메타버스'라는 개념이 구체화되고 이를 구현할 수 있는 기술적 조건이 마련된 것은 최근의 일이지만, 놀랍게도 우리 고전 소설에서도 메타버스의 흔적을 발견할 수 있습니다. 바로 조선 후기 문신 김만중의『구운몽(九雲夢)』이야기입니다.

이 소설에서 주인공 '성진'은 자신이 욕망했던 또 다른 삶을, 그의 아바타라고 할 수 있는 '양소유'를 통해 꿈속에서 간접적으로 실현합니다. 양소유는 여덟 선녀의 환신(幻身)인 여덟 여인과 인연을 맺고 입신양명하여 부귀영화를 누립니다. 그런데 꿈속에서의 삶이 너무 생생하여 정작 성진은 꿈에서 깨어나기 전에는 그것이 꿈속에서 일어나는 가상의 체험이라는 것을 전혀 눈치채지 못합니다. 성진에게는 자신이 잠시 꾸었던 꿈속이 바로 '메타버스'로 기능하고 있었던 것입니다.

성진이 그토록 욕망하였던 제2의 인생은 현실이 아닌 '꿈'속에서 비로소 펼쳐집니다. '꿈'은 그야말로 '세컨드 라이프'가 이루어지는 가상 세계이며, 현실의 인물 성진은 〈심즈〉의 유저처럼 갓난아기를 일국의 재상의 자리까지 오를 수 있도록 아바타의 삶을 시뮬레이션 했던 것이 아닐까요?

『구운몽』에서 속세를 떠나 수양하던 '성진'은 세상의 부귀공명을 탐한 죄로, 스승 '육관대사'로부터 벌을 받아 속세로 떨어지고 맙니다. 게임으로 치자면 가상의 세계로 이동하여 인생 시뮬레이션이 시작되는 순간에 해당하겠습니다. 그 순간은 작품 안에서 다음과 같이 묘사됩니다.

방에 들어가라는 사자(使者)의 재촉에도 성진이 꺼림칙하여 머뭇거리니, 뒤에서 사자가 힘주어 밀치었다. 공중에 엎어져 정신이 아득하니 천지가 뒤집어지는 듯하고, 소리를 질러 나를 구해 달라 해도 소리가 목에서 나와 말이 되지 못하고 그저 아기 울음소리가 울릴 뿐이었다.

– 김만중, 『구운몽』에서

이렇게 양 처사의 가문에 아기로 환생하면서 성진의 두 번째 삶이 시작됩니다. 게임 〈심즈〉에서처럼 양소유에게는 그의 부친이 집을 떠나고 어머니와 단둘이 어렵게 살게 된다거나, 어려서부터 열심히 공부를 하여 15세에 과거 시험에 응시하는 등의 디테일한 상황 설정이 부여됩니다. 이런 설정 속에서 양소유는 마침내 장군이 되고 승상이 되는가 하면, 절세 미녀인 여덟 명의 여인을 만나기도 합니다. 자신이 욕망했던 속세의 '부귀공명'을 시뮬레이션 세계에서 달성하는 것입니다.

그러나 성진의 꿈은 영원할 순 없었습니다. 성진이 취향껏 만들어 낸 아바타 양소유는 현실 세계에서는 구현될 수 없었습니다. 이제는 '꿈'이라는 가상 세계에서 로그아웃되는 현장으로 가 봅시다. 승상이 되어 부귀영화를 누리고 있던 양소유의 앞에 어느 날 이름 모를 스님이 나타납니다.

지팡이를 들어 난간을 두어 번 치니 사방 산골짜기에서 갑자기
구름이 일어나 누대 위에 쌓여 지척을 분별할 수 없었다. 승상
이 정신이 아득하여 마치 꿈에 취한 것 같더니 한참 만에 소리
질러 말하되,
"사부는 어찌 소유를 정도로 인도하지 않고 환술로 희롱하십니
까?"
답을 듣기도 전에 구름이 날아가더니 스님은 간 곳이 없고, 좌
우를 돌아보니 여덟 낭자 또한 간 곳이 없었다. 놀라고 당황하
니 높은 누대와 많은 집이 한순간 없어지고, 향로의 불은 이미
꺼지고 창에는 지는 달이 비치었다. 스스로 자기 몸을 보니 손
목에는 백팔염주가 걸렸고 머리를 만져 보니 깎은 머리털이 까
칠까칠한 것이, 완연히 어린 승려의 몸이지, 대승상의 위의가
아니었다.
(…)
'이는 분명 사부께서 내 생각의 그릇됨을 알고 꿈을 꾸게 하여
세상 부귀와 남녀 간 정욕이 다 허사인 줄 알게 함이로다.'

– 『구운몽』에서

가상 세계에서 로그아웃하여 현실 세계로 돌아오고 나니, 현실처럼 생생하게 경험했던 모든 것들이 사라져 버리고 없습니다. 가상 세계에서 구축하였던 "높은 누대"와 "많은 집", 그리고 "여덟 낭자"까지 모두 게임 속 설정 같은 허상이었음을 성진은 비로소 깨닫습니다.

『구운몽』의 주제는 바로 '인생의 무상함'입니다. 성진이 가상 세계에서 돌아와 "스스로 자기 몸을 보니 백팔염주가 손목에 걸렸고 머리를 만지니 깎은 머리털이 까칠까칠"하였다는 대목은 '일장춘몽'의 깨달음을 형상화한 부분입니다. 성진이 꿈속에서 한바탕 인생 시뮬레이션을 끝내고 내린 결론은 바로 '인생의 덧없음'이었습니다. 허망한 결말을 미리 시뮬레이션해 본 성진은 세속적 욕망을 모두 버리고 불도에 정진하는 삶을 걸어가게 됩니다.

그건 과연 '가짜 사랑'이었을까?

『구운몽』의 성진은 '가상 세계'를 통해 인생의 허무함을 깨닫고 속세를 떠나기로 하지만, 조선 초기 문인인 김시습의 소설에서는 다른 일이 펼쳐집니다. 김시습의『금오신화(金鰲新話)』는 우리 역사상 최초의 소설로 꼽히는데, 이 소설집에 실린 「만복사저포기(萬福寺樗蒲記)」에서 주인공 '양생'에게 '가상 세계'는 단순히 세상의 허무만을 깨닫는 공간이 아닙니다. 양생이 가상 세계에서 겪은 일들은 그가 살아가는 현실에 실질적인 영향을 줍니다. 양생은 가상현실에서의 경험을 훨씬 더 진지하게 받아들이는 것입니다.

소설의 내용을 조금 더 자세히 살펴볼까요? 양생이라는 불우한 총각이 만복사라는 절에서 그토록 원하던 배필감을 얻게 되었습니다. 그와 인연을 맺게 된 처녀는 전란 중에 부모와 이별하고, 3년간 홀로 지내다가 마침 배필을 구하고 있던 터였습니다. 둘은 부부의 연을 맺고 며칠간 함께 머물며 사랑을 나누었습니다. 그리고 다시 만날 것을 약속하고서는 헤어졌지요. 양생은 약속 장소에서 여자를 기다리다가 어떤 장례 행렬을 우연히 목격하게 되는데, 알고 보니 양생과 사랑을 나눴던 여자는 3년 전에 죽은 혼령이었습니다. 결국 양생은 홀로 집으로 돌아올 수밖에 없었습니다. 그런데 어느 날 밤에 여자의 말소리가 들렸습니다. 그녀는 자신은 타국에서 남자로 태어났으니 당신도 불도를 닦아 윤회를 벗어나라고 하는 것 아니겠습니까. 양생은 그 여인네를 그리워하며 다른 여자를 만나지 않고 지리산으로 들어가 약초를 캐며 여생을 보냈다고 합니다.

『구운몽』의 성진처럼 양생도 가상현실에서 그토록 염원하던 제2의 삶을 시작할 수 있었습니다. 부처가 점지해 준 여자를 배필로 얻어 잠시나마 행복하였던 양생의 곁에는 이제 남은 것이 없습니다. 여인은 실체가 없는 혼령이었기 때문입니다. 그럼에도 여인은 현실에 나타나 양생과 운우지정을 나누었습니다. 마치 실재하지 않는 가상의 이미지가 현실에 덧입혀지는 '증강 현실'처럼 말입니다.

증강 현실은 원래 사용자만 체험할 수 있습니다. 예컨대 〈포켓몬 고〉 게임에서 포켓몬을 볼 수 있는 것은 게임을 하고 있는 유저뿐이지, 게임에 참여하지 않는 주변 사람들에게 포켓몬은 보이지 않습니다. 이와 마찬가지로 「만복사저포기」에서 혼령으로 나타난 여인은 양생의 눈에만 보일 뿐 다른 사람에게는 보이지 않습니다.

여인이 다시 양생에게 말했다.

"인연이 이미 정해졌으니, 저와 함께 손을 잡고 집으로 가시지요."

양생은 여인의 손을 잡고 여염집들을 지나갔다. 마을에서는 개들이 울타리 너머에서 짖고 사람들이 길거리를 왕래하고 있었다. 그러나 지나가는 사람들은 양생이 함께 가는 것을 알아차리지 못하고 그저 이렇게 물을 따름이었다.

"이렇게 일찍부터 어디를 다녀오는가?"

"지난밤에 술이 취하여 만복사에서 자고 돌아오는 길일세."

　　　　　　　　　　　　　　　－ 김시습, 「만복사저포기」에서

　양생은 증강 현실 속에 들어와 있어 '여인'과 손을 잡고 걸어가지만 사람들은 양생이 혼자 가는 것으로 보일 뿐입니다. 지금 증강 현실에 접속한 사람이 양생뿐이기에 주변의 다른 사람들은 증강 현실을 체험할 수 없는 상황인 셈입니다. 이 증강 현실에서 로그아웃된 것은, 여인의 마지막 목소리를 들은 그 순간입니다. 여인은 양생에게 불도에 정진하라는 말을 남기고 현실에 드리웠던 자신의 가상 이미지를 거두어들입니다. 증강 현실에서 로그아웃된 세상, 여인만 사라졌을 뿐 양생의 눈에 보이는 세상은 이전과 똑같습니다. 요컨대 「만복사저포기」는 현대사회의 '증강 현실' 기술을 선취하여 멋진 판타지를 완성하였습니다.

　하지만 가상현실에서 여인과 나누었던 사랑은 사라지지 않았습니다. 메타버스에서의 경험은 양생에게 실재와 다름없이 생생한 것이었습니다. 그렇기 때문에 양생은 이후로 다른 여자를 만나지 않고 평생 홀로 살아가기를 택했던 것입니다. 이런 양생의 결정을 단순히 어리석다고 할 수 있을까요?

2013년도에 개봉한 할리우드 영화 〈그녀(Her)〉는 '목소리 AI'와 사랑에 빠진 한 남자의 이야기를 공감되게끔 그려 내어 호평을 받았습니다. 사람들은 이 영화를 보며 육체가 없는 인공지능과 사랑에 빠지게 될지도 모를 미래를 상상하게 되었습니다. 하지만 사실 원조를 따지자면, 우리 고전소설 「만복사저포기」인지도 모릅니다.

얼핏 새롭고 낯설어 보이는 메타버스라는 개념은 사실 이처럼 우리 선조들의 흥미진진한 상상 속에 이미 자리 잡고 있었습니다. 『구운몽』과 「만복사저포기」는 우리가 가상현실을 어떻게 받아들이는지, 오늘날의 메타버스가 우리에게 어떤 의미를 줄 수 있는지 미리 보여 주는 예고편은 아니었을까요?

AI에게 물어봐!

「만복사저포기」나『구운몽』같은 소설은 가상현실 속에서의 실제 같은 삶을 그리고 있다. 영화 〈그녀〉 또한 물질적 실체가 없는 목소리 AI와 사랑에 빠진 남자의 이야기를 그린다. 미래에는 AI와 인간이 어떤 관계를 맺게 될 것인지 AI와 대화를 나누며 생각해 보자.

 미래에는 AI와 인간이 사랑을 나누게 될 수도 있을까? 어떻게 생각해? 여기에는 어떤 쟁점들이 있어?

 (AI의 답변 바탕으로 요약)

AI와 인간이 감정적 관계나 사랑을 나누게 될 가능성은 기술과 사회적 관점에서 흥미롭고도 복잡한 쟁점들을 수반합니다. 많은 이들이 AI와의 사랑이라는 주제에 대해 긍정적인 시선을 가지기도 하지만, 윤리적·철학적 고민 또한 깊게 얽혀 있습니다. 주요 쟁점들을 살펴보면 다음과 같습니다:

- 인공지능의 감정 유사성: 현재 AI는 감정을 인식하거나 표현하도록 훈련받을 수 있지만, 진정한 감정을 느낀다고 보기는 어렵습니다. 사랑은 보통 감정의 공유를 통해 완성되므로, AI가 실제 감정을 느끼지 못한 채 인간과 감정적 관계를 맺을 때, 인간이 그 관계를 얼마나 진지하게 받아들일 수 있을지 의문입니다.
- 윤리적 문제 및 철학적 문제: AI와 인간의 사랑이 가능해진다면, AI의 권리에 대한 새로운 논의가 필요합니다. 예를 들

어, AI가 인간을 사랑하게끔 설계되었다면, 이 감정은 자유 의지에 따른 것일까요, 아니면 프로그램에 의한 제한된 형태일까요? 또, 이러한 설계는 AI에게 과도한 역할을 강요하는 것으로 볼 수도 있습니다.

- 사회적 관계와 소외감: 인간이 AI와의 관계를 통해 정서적 위안을 얻을 경우, 대인관계와 사회적 연결에 미칠 영향을 고려해야 합니다. 특히 AI가 더욱 맞춤형으로 인간의 욕구를 만족시키는 방향으로 개발된다면, 인간들 간의 관계보다 AI와의 관계를 선호하게 될 가능성도 있습니다. 이는 사회적 고립과 소외로 이어질 수도 있습니다.

- 법적 문제와 권리: 인간과 AI의 관계가 사랑이라는 개념으로 인정받기 시작한다면, 법적 지위에 대한 문제도 발생할 것입니다. 예를 들어 AI와의 결혼을 인정할지, AI에 대한 재산권과 상속권을 어떻게 적용할지 등과 같은 법적 쟁점들이 대두할 수 있습니다.

영화 〈그녀〉나 〈엑스 마키나(Ex Machina)〉(2015) 같은 작품에서도 이러한 주제를 다루고 있는데, 이를 통해 AI와의 감정적 교류가 미래 사회에 던질 수 있는 윤리적·사회적 도전 과제들을 잘 엿볼 수 있습니다.

가상현실은 인간에게 어떤 의미가 있을까? 네 말대로 맞춤형 AI 등에게 지나치게 몰입하게 되면, 현실을 외면하고 사회적으로 고립되는 부작용이 생기지 않을까?

(AI의 답변 바탕으로 요약)

1. 가상현실의 장점과 의미

- 경험의 확장: 가상현실은 인간이 현실에서 경험하지 못하는

것을 경험할 기회를 제공합니다. 예를 들어 우주 탐험, 역사적 사건 속으로 들어가는 일, 혹은 창조적 시공간에서 자신을 표현할 수 있는 경험을 하게 해 줍니다. 이는 교육적 가치가 높고 창의성에 긍정적인 영향을 줄 수 있습니다.

- 심리적 위안과 치유: VR은 심리 치료에 응용되기도 하며, 스트레스나 불안 감소, 혹은 PTSD 치료 등에서 효과가 입증되고 있습니다. 사람들에게 일종의 치유 공간이 되기도 합니다.

2. 몰입과 고립의 부작용

- 현실과의 단절: 가상 세계에서 자기에게 맞춘 AI가 완벽히 대응해 준다면, 그 환경이 현실보다 더 편안하게 느껴질 수 있습니다. 이로 인해 현실과의 단절이 생길 수 있습니다. 점차 사람들은 현실보다는 자신의 이상적인 모습이나 환상이 반영된 가상현실에서 시간을 보내려 하고, 이는 사회적 관계와 정서적 고립을 초래할 수 있습니다.

- 사회적 기술의 저하: 다른 사람과의 현실적 상호작용이 줄어들면 공감 능력, 갈등 해결 능력, 사회적 기술이 약화될 수 있습니다. 특히 가상현실에서의 관계가 현실의 관계보다 쉽고 직관적으로 느껴질 경우, 복잡한 인간관계를 기피하게 될 가능성도 있습니다.

- 중독성: 가상현실에서의 성취가 더 강렬하게 느껴질 때 현실 세계에서의 성취에 대한 의욕이 약화되기도 합니다. 이는 일종의 '디지털 중독'으로, 현실에서의 책임감이나 관계를 소홀히 여기는 경향을 키울 수 있죠.

3. 대안적 방향

- 균형 잡힌 사용법: 가상현실과 현실을 명확히 구분하고, VR

사용 시간을 조절하는 것이 중요합니다. 가상 경험을 즐기되, 현실 세계의 관계와 책임을 지키는 '사용의 균형'이 필요하죠.

• 사회적 가이드라인: 심리적, 사회적 부작용을 최소화할 수 있는 가이드라인이나 규제가 함께 마련된다면, 가상현실의 긍정적인 측면을 최대한 살리면서 부작용을 줄일 수 있을 것입니다.

가짜 뉴스,
삼국시대에도 있었고
『1984』에도 있었다

#원조 가짜 뉴스 #소셜 미디어 #디스토피아

이 장에서 다룰 작품 목록	
고전 시가	백제 무왕, 〈서동요〉
현대소설	조지 오웰, 『1984』

소셜 미디어는 시간적·지리적 한계를 완전히 없애 버렸습니다. 이제는 친구나 가족뿐만 아니라 불특정 다수의 사람들과도 24시간 내내 소통할 수 있는 세상이 되었습니다. 무수한 정보와 의견이 쉴 새 없이 만들어지고 공유되고 재생산되는 것입니다.

　폭발적으로 늘어난 정보의 양만큼이나 속도도 가파르게 빨라졌습니다. 이러한 신속성 덕분에, 소셜 미디어는 사회적 위기나 긴급 상황에서 중요한 정보를 전파하는 데 매우 유리한 도구로 활용되고 있어요. 자연재해든, 사고 소식이든, 정치적 이슈든 간에 소셜 미디어는 광범위한 사용자들 간에 중요한 정보를 공유하여 신속한 대응과 지원을 가능하게 합니다.

　고대 그리스가 페르시아와의 전쟁에서 승리한 직후에, 그리스의 한 병사는 고국에 한시라도 빨리 승전보를 전하기 위해 전력질주를 하고 그대로 사망했다고 합니다. 이것이 '마라톤'의 기원으로 알려져 있지요(사실 이 이야기는 근대 올림픽의 창시자 쿠베르탱 남작의 친구가 각색한, 일종의 마케팅이라고 합니다). 만약 그 당시에 소셜 미디어가 존재했더라면 병사가 목숨 바쳐 달릴 필요는 없었을 것입니다. 한편 소셜 미디어의 신속성은 중요한 뉴스나 정보를 알리는 데 더할 나위 없이 효과적이지만 생각지도 못한 곳에서 부작용을 낳아 말썽을 빚고 있어요. 진위 여부를 판단하기 힘든 '가짜 뉴스'마저도 신속하게 퍼진다는 점이 큰 문제입니다.

뜻밖의 원조 '가짜 뉴스', 서동을 왕으로 만들다

삼국시대 경주에서는 〈서동요(薯童謠)〉라는 노래가 한때 유행했다고 해요. '서동'이라는 남자가 짓고 퍼뜨려서 〈서동요〉라고 합니다. 『삼국유사』「무왕」편에 전하는 이 노래는 신라의 4구체 향가로서 현대어로 쉽게 풀어 쓰면 다음과 같은 노랫말이 됩니다.

선화공주님은

남몰래 짝지어 두고

서동 서방을

밤에 몰래 안고 간다네.

– 일연, 『삼국유사』 권2 「기이 제2 무왕」에서

서동은 백제 무왕이 어렸을 적에 불리던 이름이에요. 서동은 신라 진평왕의 셋째 딸이었던 선화공주가 매우 예쁘다는 소문을 듣고 그녀와 결혼하겠다는 결심을 했어요. 선화공주를 만나기 위해 무작정 신라의 수도로 올라온 서동은 한 가지 계획을 세웁니다. 서동은 산에서 마를 캐어 동네 아이들에게 공짜로 나누어 주면서 노래를 하나 가르쳐 주지요. 그 노래가 바로 〈서동요〉입니다.

노래가 쉬워서인지 순식간에 유행을 타고 입에서 입으로 퍼져 나가더니 급기야 궁궐에까지 들어갔고, 선화공주가 몰래 외간 남자를 만난다는 노랫말에 몹시 화가 난 진평왕은 공주를 궁 밖으로 쫓아내고 말지요. 서동은 쫓겨난 선화공주에게 접근하여 원하던 대로 결혼을 하게 됩니다. 심지어 공주가 떠날 때 왕후가 챙겨 준 황금을 보고, 자신이 마를 캐던 곳에 흔히 널려 있던 것이 귀한 금이라는 사실을 깨닫기까지 하지요.

먼 옛날 6세기 무렵에 만들어진 〈서동요〉는 아마도 기록으로 남아 있는 우리나라 최초의 '가짜 뉴스'가 아닐까 합니다. 자신의 의도를 달성하기 위해 거짓 정보를 대중에게 유포하고, 팩트 체크를 미처 하지 못한 대중이 이를 사실로 받아들여 퍼뜨리는 상황은, 오늘날 횡행하는 가짜 뉴스의 생산과 유통 과정을 그대로 빼닮았습니다.

정보의 전파가 느리고 마땅한 통로도 없었던 시절에 이토록 주도면밀하게 가짜 뉴스를 유포하였던 서동이 만약 오늘날 소셜 미디어를 활용하게 된다면 어떨까요? 사실 지금 우리 사회에는 이미 수많은 '서동'들이 있습니다. 게다가 개인의 목적을 이루는 데 그쳤던 옛날 서동과 달리 오늘날의 '서동'들은 정치적인 의도로도 가짜 뉴스를 양산하고 있지요.

소셜 미디어를 통해 유통되는
'가짜 뉴스'의 음모

최근 발발한 우크라이나-러시아 전쟁, 이스라엘-하마스 전쟁 소식은 소셜 미디어를 타고 빠르게 전파되었습니다. 그런데 문제는 전파되는 정보들에 거짓 선동의 메시지가 넘쳐 났다는 것입니다. 전쟁 당사자들은 일부러 자기들에게 유리한 소식을 퍼뜨리면서, 여론을 장악하려고 했어요. 우크라이나와 러시아는 서로 폭격을 받은 자국의 참상을 앞다퉈 소셜 미디어에 올리며 상대방의 책임을 물었고, 이는 이스라엘과 하마스의 급박한 전쟁 초기 단계에서도 어김없이 반복됐습니다. 많은 사람들을 분노하게 했던 하마스의 '신생아 참수' 뉴스만 하더라도 며칠 만에 출처 불명의 가짜 뉴스라는 게 밝혀졌지만, 이미 많은 사람들이 이를 사실로 믿고 난 뒤여서 아무런 효과가 없기도 했습니다. 심지어 대중의 관심을 얻으려는 일부 유튜버들은 과거에 벌어진 전쟁 영상을 현재 상황으로 왜곡해 업로드하기도 했지요.

가짜 뉴스는 전쟁터에서만 횡행하는 게 아닙니다. 정치 영역에서는 이미 일상적으로 전파되고 있지요. 특히 중요한 투표나 선거를 앞두고 있을 때면 더욱 그렇습니다. 자기 진영에 유리한 내용을 의도적으로 퍼뜨려 지지 세력을 결집하거나, 상대 진영에 불리한 내용을 퍼뜨려 비방하는 등의 방식으로 가짜 뉴스가 생산돼요. 요즘에는 더더욱 AI 기술이 발전하면서 '딥페이크'라 불리는 가짜 합성 영상이 문제가 되고 있어요.

2018년에는 미국의 미디어 매체 버즈피드와 〈겟 아웃〉 등의 영화로 유명한 감독 조던 필이 힘을 합쳐 만든 딥페이크 영상이 큰 화제를 모으기도 했었습니다. 유튜브에 올라온 이 영상에는 버락 오바마 전 미국 대통령이 출연해서 "트럼프는 천하에 쓸모없는 놈"이라며 원색적인 비난을 쏟아냈지요. 이런 영상을 제작한 의도는 딥페이크 기술이 내포한 위험성을 대중에게 알리는 것이었다고 하는데, 어쩌면 이들은 최근 국내외에서 악용되는 딥페이크 기술의 위험을 미리 알아차렸던 것 같습니다.

가짜 뉴스가 특정 민족이나 종교 집단을 향한 부당한 비방이나 공격으로 이어질 때는, 해당 집단에 대한 사회적 편견을 조장하고 심지어 물리적 폭력으로도 이어질 수 있습니다. 우리 민족도 과거 가짜 뉴스의 피해자가 되었던 적이 있습니다. 일제강점기였던 1923년, 관동대지진이 발생했을 때 일제는 "조선인이 우물에 독을 풀었다"는 가짜 뉴스를 퍼뜨려, 일본인들에 의해 수천 명에 이르는 조선인이 대량 학살을 당했습니다. 1992년 미국 LA에서 폭동 사건이 일어났을 때에는, 일부 언론에서 한인과 흑인 간의 갈등이 실제보다 더 심한 것처럼 보도하면서 한인들의 피해가 더 커지기도 했습니다.

『1984』, 오늘날 가짜 뉴스를 예언하다

조지 오웰의 소설 『1984』는 오늘날 디스토피아 소설의 대표작으로 꼽힙니다. '디스토피아'란 모두가 행복한 이상 사회인 유토피아의 반대말로, 절망적인 미래상을 말하는 것이지요. 오웰은 1948년에 이 소설을 썼습니다. 일설에 따르면, 오웰은 '48'을 거꾸로 뒤집어 '84'년쯤 되면 암울한 미래가 닥치리라고 사람들에게 경고를 날린 것이라고 합니다. 과연 오웰이 예견한 미래는 어떤 모습이었을까요? 그는 무엇을 경고하려 한 것일까요?

오웰은 몸소 스페인 내전에 참전하고 제2차 세계대전을 직접 겪은 작가였습니다. 그는 당시 세계 여러 나라의 정부들이 여론을 통제하고, 국민들을 억압하는 모습을 보며 두려움을 느꼈지요. 그는 소련의 독재자 스탈린이 정보를 제한하고 역사를 왜곡하며 반대자들을 강력하게 탄압하는 것을 경계했습니다. 하지만 오웰은 서구 민주주의 사회에서도 비슷한 위험을 감지하기도 했습니다. 특정 세력이 장악한 신문과 방송이 거짓말을 퍼뜨리고, 새로운 기술로 사람들을 감시하며, 관료들이 권력을 남용하는 모습을 경계한 것이죠.

오웰은 『1984』에서 국가가 가짜 뉴스를 통해 언론을 통제하고 진실을 왜곡하는 모습을 신랄하게 그려 냅니다. 소설 속 '오세아니아' 정부는 뉴스 보도 내용을 직접 조작하고, 국민들에게 원하는 정보만을 제공합니다. 가짜 뉴스를 활용하여 진실을 감춤으로써 노골적으로 국민들의 생각과 행동을 통제하고 있지요. 이 소설의 주인공 '윈스턴'은 '진리부'에서 근무합니다. 말 그대로 진리를 담당하는 부서인 '진리부'에서는 매일 정부의 이념에 맞게끔 과거의 기록을 수정하여 결과적으로는 진실을 조작하고 있습니다. '진리부'라는 역설적인 이름은 그렇게 붙게 된 것입니다.

윈스턴은 각각의 메시지를 처리한 후, 자신이 말로 받아 적은 수정 사항들을 《타임스》의 해당 호에 첨부하여 공압관으로 밀어 넣었다. 그리고 거의 무의식적인 동작으로, 원본 메시지와 자신이 작성한 메모들을 구겨서 기억 구멍에 던져 넣어 불길이 삼키도록 했다.

관 너머로 이어진 보이지 않는 미로에서 무슨 일이 일어나는지, 윈스턴은 자세히는 몰라도 대강은 알고 있었다. 《타임스》의 특정 호에 필요한 모든 수정 사항이 수집되고 정리되면, 해당 호를 다시 인쇄한 다음, 원본을 대신하여 수정본을 문서고에 끼워 넣는다. 이런 과정은 신문뿐만 아니라 책, 정기간행물, 팸플릿, 포스터, 전단지, 영화, 음성 녹음, 만화, 사진에 이르기까지 정치적·이념적 뉘앙스를 조금이라도 풍기는 모든 문서와 기록에 적용되었다. 그렇게 날마다, 과거는 현재에 맞춰 갱신되었다. 당의 예측은 전부 맞아떨어졌음이 문서상으로 입증되었고, 그때그때의 필요와 상충되는 뉴스나 의견은 기록에서 삭제되었다. 모든 역사는 양피지처럼, 필요한 만큼 지워 버리고 다시 쓸 수 있었다. 일단 수정이 끝나고 나면, 어떤 경우라도 위조가 있었다고 주장하거나 증명할 수 없었다.

- 조지 오웰, 『1984』에서

윈스턴의 일은 신문과 일반 서적은 물론이고 만화, 사진에 이르기까지 모든 기록물을 매일같이 조작하거나 삭제하는 것입니다. 더욱이 그렇게 조작된 정보가 가짜라는 것을 전혀 눈치챌 수 없도록 완벽하게 꾸밉니다. 조금만 더 구체적으로 살펴볼까요?

국가가 시켜서 윈스턴이 행한 언론 조작의 사례와 폐해를 보여 주면 다음과 같습니다.

예컨대 풍요부는 사사분기 구두 생산량을 1억 4,500만 켤레로 예상했다. 실제 생산량은 6,200만 켤레였다. 하지만 윈스턴은 전망치를 고치면서, 예상 생산량을 5,700만 켤레로 낮추어 썼다. 할당량이 초과 달성되었다는 상투적인 주장을 하기 위해서였다. 6,200만이든 5,700만이든 1억 4,500만이든, 사실 전부 진실과는 거리가 멀었다. 아마도 구두는 전혀 생산되지 않았다고 봐야 할 것이다. 아니, 차라리 누구도 구두가 얼마나 생산되었는지 몰랐고, 신경조차 쓰지 않았다고 말해야 더 정확하겠다. 사람들이 알 수 있는 것이라고는 매 분기마다 서류상으로 천문학적인 숫자의 구두가 생산되는 동안, 오세아니아 인구 절반이 맨발로 다닌다는 사실뿐이었다. 크고 작은 기록들 모두가 이런 식이었다. 모든 것이 흐릿해지더니 그림자의 세계로 사라져 버렸고, 마침내는 연도조차 불확실해졌다.

－『1984』에서

이렇게 숫자를 몇 개 바꾸어 가짜 뉴스를 생산해 내는 일만으로도 정부에 불리한 정보는 숨기거나 왜곡할 수 있는 것입니다. 진리부는 이를 통해 독재자 '빅브라더'가 장악한 당의 주장을 옹호하는 뉴스만을 생산해 냅니다. 이런 일이 일상적으로 반복되면 정부가 국민 개개인의 기억과 생각을 조작하고 더 나아가 국민들의 의식을 손쉽게 통제할 수 있다는 사실을 소설 『1984』는 여실히 보여 줍니다. 오웰의 통찰력이 정말 놀랍지 않습니까?

텔레스크린,
과연 우리와는 상관없는 이야기일까?

마지막으로 '텔레스크린' 이야기를 빼놓을 수 없습니다. '오세아니아'의 모든 가정에 설치된 텔레스크린은 텔레비전과 스마트폰의 속성을 고루 지녔습니다. 음성이나 영상이 쌍방향으로 전송되거든요. 국가에서 방영하는 콘텐츠 외에는 다른 콘텐츠를 볼 수 없기 때문에, 스마트폰과 달리 완전한 쌍방향이라고는 할 수 없지만요. 오세아니아 국민들은 텔레스크린을 통해 자신의 일상을 항상 감시당하고 있습니다.

텔레스크린은 밤낮으로 통계 수치들을 귀에 쏟아부었다. 오늘날의 사람들이 오십 년 전 사람들보다 더 잘 먹고, 더 잘 입고, 더 나은 주거 환경과 여가를 누리고 있으며, 더 오래 살고, 더 적게 일하고, 몸집이 더 크고, 더 건강하고, 더 튼튼하고, 더 행복하고, 더 지적이고, 더 나은 교육을 받고 있음을 증명하는 내용들이었다. 어느 하나 증명하거나 반증할 수 없었다. 예컨대 당은 혁명 이전에 글을 읽고 쓸 수 있는 성인 노동자는 고작 15퍼센트에 불과했지만, 오늘날에는 40퍼센트에 달한다고 주장했다. 유아 사망률은 이제 1,000명당 160명에 불과하지만, 혁명 이전에는 300명이었다고 주장했다. 이런 식으로 계속되었다. 마치 미지수가 두 개인 하나의 방정식 같았다. 역사책에 쓰여 있는 말들은 문자 그대로 전부 순전한 가상일 수도 있었다. 아무런 의심 없이 받아들였던 것들조차도 말이다.

– 『1984』에서

오늘날에는 누구나 크리에이터가 되어 무수한 콘텐츠들을 만들어 내고 있고, 사람들은 어떤 콘텐츠든 원하는 대로 접하는 것처럼 보입니다. 텔레스크린은 아직 권위주의 체제를 벗어나지 못한 몇몇 나라의 이야기라고 생각할 수도 있습니다. 하지만 현실은 그보다 더 복잡합니다.

　오늘날 스마트폰과 거대 미디어 기업들은 우리의 일상 곳곳에 깊이 뿌리내리고 있습니다. 구매한 상품, 아니 심지어는 구매하지 않고 구경하기만 한 상품의 정보를 바탕으로 다른 상품들을 추천해 주고, 유튜브 구독 목록을 바탕으로 다른 영상을 추천해 줍니다. 우리도 모르는 사이에 모든 데이터가 수집되고 이용되는 것입니다.

　이렇게 수집된 데이터는 알고리즘을 통해서 이미 익숙한 의견만 강화하는 확증 편향과 필터버블 현상을 일으킵니다. 나와 다른 생각과 의견은 원천적으로 차단됩니다. 이런 상황에서는 가짜 뉴스를 검증하는 것이 더욱 어려워집니다. 어쩌면 현대사회의 소셜 미디어는 더욱 무시무시하게 발전한 텔레스크린인지도 모르겠습니다.

　오늘날 우리 삶의 모든 영역을 사로잡고 있는 소셜 미디어가 누군가에 의해 가짜 뉴스로 뒤덮인다면, 그래서 우리가 어느 것이 진실이고 거짓인지를 판단할 근거마저 사라진다면, 우리를 편리하게 해 주는 소셜 미디어들이 도리어 『1984』에 등장하는 '텔레스크린'과 다를 바 없는 상황이 될 것입니다. 더욱이 우리가 그러한 상황에 문제의식을 느끼지 못하고 순응한다면, 소셜 미디어는 텔레스크린보다 더 두려운 존재가 될 수도 있습니다. 소셜 미디어가 가짜 뉴스의 유통 경로가 되고, 진실을 조작하는 도구로 악용되는 일이 없도록 철저히 감시하고 비판적인 시선을 견지해야 할 때입니다.

AI에게 물어봐!

AI에게『1984』의 작가 조지 오웰의 역할을 해 달라고 하고, 오늘날 가짜뉴스와 소셜 미디어에 관한 의견을 물어보자. 만약 조지 오웰이라면 현대사회의 가짜 뉴스, 소셜 미디어를 어떻게 비판할지 질문해 보자.

 지금부터 너는 조지 오웰이야. 네가 쓴 소설『1984』는 발전된 기술로 모든 사람들의 생각을 감시하는 전체주의 국가를 배경으로 해. 그런데 오늘날에는 소셜 미디어의 발전으로, '빅브라더'가 아니더라도 사람들이 가짜 뉴스에 취약해졌어. 이런 현상에 관해 넌 어떻게 생각해?

 (AI의 답변 바탕으로 요약)

아, 현대의 소셜 미디어 현상을 보니 제가『1984』에서 우려했던 것보다 더 교묘한 형태로 진실이 왜곡되고 있군요.

제가 그린 오세아니아에서는 '진리부'가 조직적으로 역사를 수정하고 거짓을 만들어 냈습니다.

하지만 오늘날은 더 복잡해졌어요. 권력자들이 직접 통제하지 않아도, 사람들이 자발적으로 허위 정보를 만들고 퍼뜨리고 있으니까요.『1984』의 '뉴스피크'가 언어를 통제해 사고를 제한했다면, 지금은 정보의 홍수 속에서 사람들이 스스로 진실을 구분하지 못하게 되었습니다. 특히 다음의 네 가지 현상이 우려됩니다:

- 사람들이 자신의 기존 신념에 부합하는 정보만 받아들이는 '확증 편향' 현상
- 알고리즘이 만드는 '에코 챔버' 효과로 다양한 관점을 접하기 어려워진 점
- 진실보다 자극적인 거짓이 더 빠르게 전파되는 현상
- 진실과 거짓을 구분하기 어려울 정도로 정교해진 조작 기술

제가 『1984』에서 경고했던 것은 강압적인 감시 체제였지만, 현재는 더 은밀하고 자발적인 형태의 '감시'와 '통제'가 이루어지고 있다고 봅니다. 사람들은 자신의 사생활을 기꺼이 공개하고, 그 정보는 상업적으로 이용되죠.

결국 중요한 것은 비판적 사고력입니다. 제가 『동물농장』이나 『1984』를 통해 강조하고자 했던 것도 바로 이것이었습니다. 어떤 정보든 맹목적으로 받아들이지 말고, 끊임없이 질문하고 의심해야 합니다.

"무지가 힘이다"라는 제 소설 속 슬로건이 현실이 되지 않으려면, 우리는 더욱 경계하고 깨어 있어야 할 것입니다. 진실을 왜곡하는 것은 이제 빅브라더의 전유물이 아니라, 우리 모두의 손에 달려 있기 때문입니다.

그럼 오늘날을 배경으로 『1984』를 다시 쓴다고 가정하고, 소설의 주요 소재를 어떻게 바꿀 수 있을지 생각해 볼래? 내 생각에 '빅브라더'는 빅테크 기업으로 바꿔야 할 거 같아. 그리고 사람들이 더 적극적으로 가짜 뉴스의 전파에 동참해야 할 것 같아.

(AI의 답변 바탕으로 요약)
흥미로운 제안이군요. 현대판 『1984』를 구상해 보겠습니다.

주요 설정 변경

1. '빅브라더'→ '빅테크'
- 국가가 아닌 거대 기술 기업들이 개인 정보를 독점
- 알고리즘을 통한 은밀한 행동 조종
- '텔레스크린' 대신 스마트폰과 SNS가 감시 도구로 작동
- 사람들은 편리함을 위해 자발적으로 개인 정보를 제공

2. '진리부'→ '인플루언서 네트워크'
- 조직적인 선전·선동 대신 영향력 있는 개인들의 네트워크가 정보 왜곡
- AI가 만들어 내는 딥페이크 영상이 진실을 대체
- 사람들은 '좋아요'와 '공유하기'를 통해 허위 정보 확산에 가담

3. '뉴스피크' → '트렌딩 키워드'
- 언어의 강제적 단순화가 아닌, 알고리즘이 만드는 유행어와 밈
- 복잡한 현실은 단순한 해시태그로 환원
- 깊이 있는 토론은 사라지고 자극적인 댓글만 남음

4. '사상경찰' → '디지털 평판 시스템'
- 물리적 감시 대신 온라인 평판으로 통제
- 소셜 신용 점수처럼 개인의 모든 온라인 활동이 점수화
- 낮은 평판은 취업, 대출 등 현실의 불이익으로 이어짐

5. '윈스턴의 저항' → '디지털 디톡스 운동'
- 시스템에서 완전히 벗어나려는 시도
- 하지만 현대사회에서 완전한 디지털 단절은 불가능

- 오프라인 인간관계의 회복을 통한 저항
- 알고리즘에 의한 은밀한 통제

새로운 주제
- 편리함과 자유의 거래
- 자발적인 감시 사회 참여
- 진실의 상대화와 탈진실 시대
- 디지털 플랫폼 종속성

결말도 더 비관적일 수 있겠네요. 윈스턴이 결국 빅브라더를 사랑하게 되었듯이, 현대인들은 자신들을 통제하는 플랫폼 없이는 살 수 없다고 느끼게 될 테니까요.

제가 보기에 현대사회는 제가 『1984』에서 경고했던 것보다 더 교묘하고 위험할 수 있습니다. 강제가 아닌 자발성, 억압이 아닌 편리함을 통해 작동하니까요. 어쩌면 이것이 진정한 디스토피아의 완성일지도 모르겠습니다.

조선시대의 '제페토', 『홍길동전』

이 장에서 다룰 작품 목록	
고전소설	허균, 『홍길동전』
소설 미디어	제페토(ZEPETO)

『전우치전』이 그러하듯이, 대부분의 옛 소설은 누가 쓴 것인지 정확히 알아내기 어렵지만 『홍길동전』만큼은 예외입니다. 당대의 괴짜 선비로 불렸던 허균이 이 작품의 작가라는 사실이 기록으로 남아 있지요. 그래서 유달리 말할 거리가 많은 소설이기도 합니다. 우리가 읽는 『홍길동전』은 사실 허균이 창작한 원본이 아닙니다. 그가 창작했다는 기록은 전해져 내려오는데, 정작 허균이 창작한 원본은 사라지고 말았지요. 그 대신 원작을 짐작케 하는 수많은 이본만 남았습니다. 현재 확인이 가능한 이본만 따져 봐도 열네 개가 넘는다고 하는데, 오늘날에도 드라마와 영화 등으로 재생산되고 있는 것까지 고려하면 셀 수 없을 정도인 셈입니다. 원본도 없이 이야기 구조나 요소가 조금씩 변형되면서 꾸준히 전해져 왔다는 사실은 눈여겨볼 만합니다. 더욱이 허균은 조선시대에 관직을 역임한 인물이었습니다.

그러나 조선시대에 받아들여지기에는 너무 진보적인 사상을 품은, '시대를 앞서간' 사람이기도 했지요. 그의 사상과 세계관이 『홍길동전』에 어떻게 반영되어 있는지 꼼꼼히 살펴 읽는 것은 여간 흥미로운 일이 아닙니다. 작가와 주인공이 너무도 닮아 있어서, 홍길동을 허균의 '아바타'로 여겨도 좋을 정도입니다. 허균은 왜 소설이라는 허구의 공간에서 자신의 이상을 펼쳐야만 했을까요? 허구의 세계는 우리에게 어떤 의미가 있는 걸까요?

상상 속에서만 꿈꿔 왔던 세상, '제페로'에서 만들어 낸다

　제가 근무하는 학교의 학생 아름이는 수업이 끝나면 곧장 '제페토(ZEPETO)'에 로그인한다고 합니다. 제페토가 뭔지 몰랐던 저는 대체 뭐가 그렇게 재미있는지 물어보았습니다. 아름이는 이렇게 답했습니다.

　"제페토에 로그인하면 자신의 아바타를 만들 수 있어요."

　요즘 많은 아이들이 방과 후에 제페토로 몰려든다고 합니다. 예전 학생들이 놀이터에 모여들었던 것처럼 말입니다. 제페토의 인기는 팬데믹으로 인한 '사회적 거리 두기'를 거치면서 더욱 늘어났습니다. 아이들은 어떤 이유로 제페토에 모이는 것일까요? 제페토에 접속한 아름이를 지켜보다 보니 그 이유를 어렴풋이 알 것 같았습니다.

　제페토에서는 먼저 자신이 원하는 체형과 얼굴형을 고르고, 눈, 코, 입과 헤어 스타일까지 상세하게 설정할 수 있습니다. 입히고 싶었던 옷과 눈을 사로잡는 액세서리도 걸치게 합니다. 처음에는 기본 잠옷만 입고 돌아다니던 캐릭터에 조금씩 개성이 덧입혀집니다.

아바타를 꾸미는 것은 사실 그렇게 새로운 일은 아닙니다. 2000년대에 유행한 싸이월드만 하더라도 '도토리'를 주고 아바타와 미니홈피를 꾸미게 되어 있었으니까요. 하지만 제페토에서는 캐릭터를 꾸미고 집에 앉혀 놓는 데 그치지 않고, 자신이 원하는 공간으로 아바타를 이동시킬 수도 있습니다. 실제 세계에 대응하는 가상의 공간으로 말입니다. 한강공원에 가고 싶은데 실제로 가기엔 곤란한 상황이라면, 제페토에 접속하면 되는 것입니다. 자신의 개성을 듬뿍 입힌 아바타로 공원을 산책하고 군것질도 합니다. 어른들의 눈에는 그래 봐야 가짜 세계가 아닌가 싶겠지만, 실제 이용자들인 아이들은 현실 세계에서 좀처럼 갈 수 없는 곳을 유유자적 거닐 수 있다는 것만으로도 더할 나위 없는 즐거움을 누리고 있었습니다.

게다가 제페토에서는 실제 세계에 존재하는 장소가 아닌 상상의 공간에도 입장할 수 있습니다. 자신이 꿈꾸던 공간을 커스터마이징하여 직접 제작할 수도 있다는 것입니다. 열심히 지은 공간이 매력적이라면 수많은 다른 유저들이 입장하여 '핫플레이스'로 인정받는 영광도 누릴 수 있습니다. 이미 〈마인크래프트〉나 〈동물의 숲〉처럼 열려 있는 세계를 능동적으로 가꾸어 나가는 '오픈 월드' 게임들에 익숙한 아이들은 자신이 꿈꾸는 세상의 모습을 그리고,

실제로 만들어 내는 일을 어렵지 않게 해냅니다. 제페토는 혼자만 노는 폐쇄적인 공간이 아니라, 저마다의 개성 있는 아바타를 내세워 다른 유저들과 소통하는 또 하나의 세상입니다.

제페토에서는 또 다른 나의 정체성을 찾아 나갈 수도 있고, 나이나 성별, 인종과 지역을 뛰어넘어 친구를 사귈 수도 있습니다. 요컨대 제페토는 누구나 가슴속에 꿈꾸어 왔던 것을 마음껏 만들어 낼 수 있는, 가상 세계의 플랫폼인 것입니다.

허균이 꿈꾸고, 홍길동이 이루다

조선시대에는 '서얼(庶孼)'이라는 신분이 존재했습니다. 양반이 본처가 아닌 첩에게서 얻은 자식들을 통칭하는 말이었습니다. 첩이 양인 신분이면 '서자', 천민 신분이면 '얼자'라고 불렀습니다. 이들은 양반의 자식이지만 떳떳한 자식은 아닌, 애매한 취급을 받으며 차별받았습니다. 과거 시험에 응시하기도 어려웠지요.

허균은 역량이 뛰어난데도 단지 타고난 신분 때문에 출세를 하지 못하는 서얼들의 처지에 대해 늘 안타깝게 생각했습니다. 그가 저술한 「유재론(遺才論)」이라는 논설에 이런 생각이 잘 나타나 있습니다. 함께 관련 부분을 살펴보죠.

예부터 지금까지 시대가 멀고 오래이며, 세상이 넓기는 하더라
도 서얼 출신이어서 어진 인재를 버려 두고, 어머니가 개가(改嫁)
했으니 그의 재능을 쓰지 않는다는 것은 듣지 못했다. 우리나라
는 그렇지 않으니, 어머니가 천하거나 개가했으면 그 자손은 모
두 벼슬길의 차례에 끼지 못한다.

－ 허균, 『성소부부고』 제11권 「유재론」에서

허균은 서얼, 즉 '첩이 낳은 아들'이라고 해서 인재로 등용되지
못하고, 천한 어미의 자손이라고 하여 천대받는 현실을 바꾸고 싶
어 하였습니다. 차별 때문에 원한과 원망에 가득한 서얼들의 마음
을 다독이고 헤아려야만 나라가 화평해질 것이니, 그러기 위해서
는 능력에 따라 인재를 고르게 등용해야 한다고 역설하였습니다.

한 사내, 한 아낙네가 원한을 품어도 하늘은 그들을 위해 감상
(感傷)하는 건데, 하물며 원망하는 남정네와 홀어미들이 나라 안
의 절반이나 되니, 화평한 기운을 이루는 것은 또한 어려우리라.

－『성소부부고』 제11권 「유재론」에서

차별을 받는 자가 나라의 절반이나 된다면 그 폐해를 하루빨리 불식시켜야만 했겠지요. 하지만 이러한 심각성에도 불구하고 허균의 생각은 당시 사대부들에게 받아들여질 리가 만무하였고 오랜 관습상 쉽사리 개선될 여지도 없었습니다. 이러한 불합리한 현실을 앞에 두고 허균은 어떻게 대처했을까요? 당장 현실에서 이룰 수 없는 꿈이라는 것을 자각한 허균은 상상의 공간을 활용할 수밖에 없었습니다. 『홍길동전』은 그렇게 탄생하게 된, 말하자면 제페토를 닮은 조선시대의 메타버스였던 것입니다.

『홍길동전』은 어떻게 메타버스의 기능을 수행할 수 있었을까요? 앞서 보았듯, 제페토에서는 자신이 바라는 아바타를 설정할 수 있었습니다. 어떤 옷을 입히느냐에 따라 자기만의 개성이 담긴 캐릭터가 완성되듯, 허균은 홍길동에게 자신의 세계관을 덧입힙니다. 그러곤 본인이 다시 홍길동이라는 탈을 쓰고, 소설 속 세계에서 종횡무진 활약하는 것이지요.

아버지를 아버지라고 부를 수 없는, 현실의 서자와 얼자들은 뜻을 제대로 펼칠 수 없는 무기력한 삶을 살아가야 했지만, 소설이라는 메타버스 안에서 홍길동은 서자 출신임에도 불구하고 당당하게 뜻을 펼쳐 보입니다. 완고한 현실의 억압을 물리칠 만큼 비범한 능력을 부여받은 홍길동은, 자신의 탁월한 능력을 바탕으로 당대 사회를 뒤바꾸는 데 앞장섭니다. 활빈당을 조직하고, 탐관오리를 혼내 줍니다. 그리고 허균이 현실에서 이루지 못한 이상을 집대성하여 소설 속에서나마 '율도국'이라는 새로운 나라를 세웁니다. 현실에서라면 불만을 말하기조차 힘들었을 홍길동이, 소설이라는 세계에서나마 억눌렸던 응어리를 맘껏 해소했던 것입니다. 『홍길동전』은 작가 허균이 마련하고, 실제 '서얼'들이 참여하는 '조선판 메타버스'였던 것이지요.

『홍길동전』은 원조 메타버스!

오늘날 현대인은 메타버스 안에서의 디지털 경험을, 현실의 실제 경험 이상의 가치를 부여하여 색다르게 즐깁니다. 실제로 존재하지도 않는 메타버스 안에서 무엇을 먹든, 입든, 소비하든, 그리고 어디에 어떻게 가든, 그게 무슨 소용이냐고 혹자는 반문할지 모릅니다.

하지만 Z세대에게 가상현실 공간은 단순히 '가짜'에 그치지 않습니다. '메타버스'는 현실을 비슷하게 옮겨 온 공간일 뿐만 아니라, 고유한 사회적 커뮤니케이션과 문화적 교류가 일어나는 공간입니다. 자유롭게 자아를 표현하며 새로운 정체성을 실험하는 곳이기도 하고요. 옛 소설로만 여겨지는『홍길동전』도 이런 방식으로 새롭게 해석해 볼 수 있을 것입니다. 당대 사람들은 익숙한 현실을 벗어나서, 문학작품을 통하여 쾌감을 느끼고 새로운 세상을 그려 볼 수도 있었을 것입니다. 바로 그것이 수많은 독자들에게 영감을 준 것입니다.

『홍길동전』이 허균의 작품이지만 단순히 허균만의 작품이라고 볼 수 없는 이유입니다. 앞서 수많은 이본의 존재를 눈여겨봐야 한다고 했던 것을 기억하지요? 이야기가 후대에 전해지는 과정에서 시대적 상황의 변화와 개개인의 관점에 따라 수많은 다른 아이디어들이 탄생했을 것입니다. '홍길동전'이라는 플랫폼 안에서, 독자들은 저마다의 꿈을 펼칠 수 있었습니다.

『홍길동전』과 제페토는 이런 측면에서 많이 닮아 있습니다. 제페토에 접속한 유저가 자신의 개성이나 가치관에 따라 다양한 캐릭터와 공간을 끊임없이 창조해 내듯, 당대 사람들에게『홍길동전』은 하나의 플랫폼이 되어 그 세계에 접속한 수많은 독자들에게 새로운, 나만의 '홍길동'을 만들고 싶은 욕구를 불러일으켰던 것이겠지요. 그것이『홍길동전』의 다양한 이본을 탄생시킨 원동력일 것입니다.

요즘의 Z세대는 메타버스 안의 아바타를 이미 자기 자신인 '나'와 동일시합니다. 기성의 관습과 틀에 박힌 사고방식을 거부하고 새로운 생각을 꿈꾸었다는 점에서 허균 또한 누가 뭐래도 '조선의 Z세대'였습니다. 허균은 결국 역모죄로 처형당하고 말지만, 그가 창조한 세계는 시대를 초월하여 단순한 이야기 이상의 경험을 독자들에게 선사하고 있습니다. 마치 메타버스처럼요.

AI에게 물어봐!

『홍길동전』은 많은 사람들의 욕망과 희망에 따라 원본의
내용이 각색되어 가면서 다양한 이본들을 파생시켰다.
이처럼 각자 좋아하는 영화, 드라마, 소설, 만화 등의 콘
텐츠를 고르고, AI와 대화를 나누며 어떻게 각색할 수 있
을지 아이디어를 구체화해 보자.

 김유정의 단편소설 「금 따는 콩밭」의 결말을 바꿔 보고 싶어. 소
설의 주인공 '영식'은 '수재'의 꾀임에 빠져 농사를 등한시하고
금맥을 찾으려고 하지만, 원작에서는 사실상 실패하는 것처럼 그
려져. 수재는 황토를 보고 영식 부부에게 황금이라며 거짓말을 하
고, 도망치려고 해. 이 부분을 각색해서 영식과 수재가 정말로 금
맥을 찾은 결말로 바꾸고 싶은데, 도와줄래?

 (AI의 답변 바탕으로 요약)
김유정의 「금 따는 콩밭」을 금맥 발견으로 이어지는 결말로
각색하려면, 영식과 수재의 관계와 상황을 변화시키며 이야
기에 약간의 희망과 풍자를 더하는 것이 좋겠네요. 예를 들
면, 다음과 같은 결말을 고려해 볼 수 있을 것 같습니다.

영식과 수재가 콩밭에서 황토를 파헤치며 다시금 실랑이를 벌
입니다. 그런데 땅을 더 깊이 파자, 예상치 못한 반짝임이 눈
에 들어옵니다. 그저 농사짓던 땅에서 나온 뜻밖의 발견에 당
황한 두 사람은 잠시 넋을 놓습니다. 수재는 뒤늦게 이게 정말
금일지도 모른다고 느끼고 흥분하며 둘만의 비밀로 하자고 설

득합니다.

하지만, 수재와 영식 모두 금을 노린다는 사실이 드러나 동네 사람들의 호기심을 끌게 되고, 그 후 동네 사람들이 몰려와 흥분하여 땅을 파헤치기 시작합니다. 우르르 몰려든 사람들과 달리, 영식과 그의 아내는 어쩐지 지친 얼굴로 주위를 둘러봅니다. '애써 얻은 금도 결국 욕심을 일으킬 뿐'이라며 농사를 짓던 시절을 회상합니다. 그렇게 모두가 서로 밀치며 금을 캐내는 동안, 영식과 아내는 다시 돌아가 콩밭에서 조용히 농사를 시작합니다.

금맥을 발견하고도 욕심에 휘둘리지 않고 본래의 삶으로 돌아간 영식과 아내는 오히려 더 여유로운 삶을 얻게 되며, 황금의 유혹보다는 작은 농사일 속에서의 소박한 행복을 택하는 것으로 이야기가 끝나게 됩니다.

음, 내가 바라는 방향과는 다른 것 같아. 당대의 시대상과 궁핍한 농민들의 생활에 대한 안타까움을 담아서 다른 아이디어를 제안해 줄래? 예를 들면, 영식과 수재가 커다란 부를 쌓아서 소작농들을 수탈하던 지주들과 일제 당국에게 시원하게 한 방 먹여 줬으면 좋겠어.

(AI의 답변 바탕으로 요약)
그렇다면 결말을 이렇게 바꿔 볼 수 있을 것 같아요. 영식과 수재가 뜻밖의 금맥을 발견하고, 그것을 발판으로 억압받던 농민들이 부를 축적하며 지주와 일제 당국에 맞서는 이야기를 담아 볼게요.

영식과 수재는 우연히 캔 황토 속에서 반짝이는 금가루를 발견합니다. 처음에는 이게 진짜 금일까 의심했지만, 확인해 보니 놀랍게도 금맥이 맞습니다. 두 사람은 즉시 이 사실을 비밀로 하고, 작은 땅에서 조금씩 금을 캐기 시작합니다. 영식과 수재는 금을 판 돈으로 먼저 자신의 밭을 되찾고, 근처 소작농들의 밭도 차례차례 사들여 자립할 수 있도록 돕습니다. 사람들 사이에서 그들이 몰래 가져다주는 금을 '소작농의 황금'이라 부르며 이야기들이 퍼져 나갑니다.

서서히 동네 소작농들은 영식과 수재의 도움으로 힘을 합쳐 더 이상 지주의 횡포에 시달리지 않고, 일제 당국이 세금을 걷으러 와도 황금의 존재를 숨긴 채 공동체의 부를 지켜 냅니다. 마을 사람들은 자신의 땅에서 직접 농사를 짓고, 농사에서 나오는 수익을 나눠 가지며 더욱 번영해 갑니다. 결국 일제의 수탈에도 굴복하지 않고, 황금 덕분에 지주들의 착취로부터 벗어난 마을은 자립과 연대의 상징이 되어 여러 지역에 전해집니다.

1교시:
과학을 알고 나니 다르게 보이는 국어 시간 (국어 × 과학)

과학으로 빚어낸 뜻밖의 노래 SF소설 너머 'SF시'의 세계로!

- 김인육, 「사랑의 물리학」(2012년 발표)
  - 김인육, 『사랑의 물리학』, 문학세계사 (2016)
- 신미균, 「공(球)」(2003년 발표)
  - 신미균, 『맨홀과 토마토케첩』, 천년의시작 (2003)

노랫말 속에 담긴 하늘의 비밀, 천문학을 품은 옛 노래와 옛 그림

- 월명사, 「도솔가」(760년)
  - 『삼국유사』, 「감통 제7 월명사도솔가」, 일연 지음, 한국고대사료 DB
- 이조년, 「다정가」(1305년 추정)
  - 『청구영언 장서각본』, 권순회·이상원 주해, 한국학중앙연구원출판부 (2021)

2교시:
시간과 공간의 흐름을 읽는 국어 시간 (국어 × 역사·지리)

'서울 1964년'을 건너, 지금의 서울을 묻다

- 김승옥, 「서울 1964년 겨울」(1965년 《사상계》 6월호 발표)

– 김승옥, 『무진기행』, 민음사 (1980)

"바보야, 문제는 부동산이야", '소설 속' 문제를 '현실 속' 전문가의 렌즈로 읽다

- 이태준, 「복덕방」(1937년 《조광》 3월호 발표)
  - 『달밤: 상허 이태준 전집1』, 열화당 (2024)
- 조세희, 「난쟁이가 쏘아올린 작은 공」(1976년 《문학과 지성》 겨울호 발표)
  - 조세희, 『난쟁이가 쏘아올린 작은 공』, 이성의힘 (2000)
- 박완서, 「옥상의 민들레꽃」(1979년 발표)
  - 박완서, 『자전거 도둑』, 다림 (2016)

**3교시:
나란히 겹쳐 보면 더 재밌는 국어 시간**(국어 × 예술·문화)

"MBTI를 맞혀 봐", 내가 좋아하는 캐릭터가 MBTI 검사를 한다면

- 이효석, 「메밀꽃 필 무렵」(1936년 《조광》 10월호 발표)
  - 『메밀꽃 필 무렵: 이효석단편전집1』, 애플북스 (2014)
- 허균, 『홍길동전』(16세기 후반)
  - 『홍길동전·전우치전·박씨부인전: 겨레고전문학선집1』, 로은욱 외 고쳐
    씀, 보리 (2007)

히어로끼리는 통한다! 전우치와 스파이더맨

- 작자 미상, 『전우치전』(연대 미상)
  - 『홍길동전·전우치전·박씨부인전: 겨레고전문학선집1』, 로은욱 외 고쳐 씀, 보리(2007)

밀레의 그림에서 정지용의 향수에 젖다

- 정지용, 「향수」(1927년 3월 《조선지광》 65호 발표)
  - 『정지용 전집1: 시』, 권영민 엮음, 민음사(2016)

- 김소월, 「엄마야 누나야」(1922년 《개벽》 1월호 발표)
  - 『정본 김소월 전집』, 오하근 엮음, 집문당(1995)

- 『The Letters of Vincent van Gogh』, Penguin Classics(1998)

**4교시:
세상에 눈뜨는 국어 시간(국어 × 사회·경제)**

'풍자는 이렇게, 예술은 새롭게', 학자와 화가가 맞장구친 까닭은?

- 박지원, 「양반전」(1760년대 추정)
  - 『연암집』, 「방경각외전」, 신호열·김명호 옮김, 한국고전번역원 한국고전종합 DB(2004)

콩밭에서 금 캐기, 빚 내서 투자하기

- 김유정, 「금 따는 콩밭」(1935년 《개벽》 3월호 발표)
  - 『원본 김유정 전집』, 전신재 엮음, 강(2012)

아무 계약이나 하면 안 되는 이유! 너는 아는데 왜 나만 몰라?

- 김유정, 「봄봄」(1935년 《조광》 12월호 발표)
  - 『원본 김유정 전집』, 전신재 엮음, 강(2012)

5교시:
어제를 통해 내일을 보는 국어 시간(국어 × 미래)

알고 보니 이미 메타버스에 살고 있었다, 『구운몽』과 「만복사저포기」

- 김만중, 『구운몽』(1689년 추정)
  - 『구운몽』, 송성욱 옮김, 민음사(2003)
- 김시습, 「만복사저포기」(15세기 후반)
  - 『남염부주지 外』, 조면희 옮김, 현암사(2001)

가짜 뉴스, 삼국시대에도 있었고 『1984』에도 있었다

- 백제 무왕, 〈서동요〉(600년 추정)
  - 『삼국유사』, 「기이 제2 무왕」, 일연 지음, 한국고대사료 DB

- 조지 오웰, 『1984』(1949년 출간)
  - 『1984』, Penguin Classics(2013)

조선시대의 '제페토', 『홍길동전』

- 허균, 「유재론」(16세기 후반)
  - 『성소부부고 제11권』, 임형택 옮김, 한국고전번역원 한국고전종합 DB(1983)

북트리거 일반 도서

북트리거 청소년 도서

차이 나는 국어 시간

문학작품 들고 교과서 밖으로 튀어!

1판 1쇄 발행일 2025년 1월 20일

지은이 공규택
펴낸이 권준구 | 펴낸곳 (주)지학사
편집장 김지영 | 편집 공승현 명준성 원동민
책임편집 원동민 | 교정교열 김정아
표지 디자인 어나더페이퍼 | 본문 디자인 이혜리
마케팅 송성만 손정빈 윤술옥 이채영 | 제작 김현정 이진형 강석준 오지형
등록 2017년 2월 9일(제2017-000034호) | 주소 서울시 마포구 신촌로6길 5
전화 02.330.5265 | 팩스 02.3141.4488 | 이메일 booktrigger@naver.com
홈페이지 www.jihak.co.kr | 포스트 post.naver.com/booktrigger
페이스북 www.facebook.com/booktrigger | 인스타그램 @booktrigger

ISBN 979-11-93378-34-2 43370

북트리거

트리거(trigger)는 '방아쇠, 계기, 유인, 자극'을 뜻합니다.
북트리거는 나와 사물, 이웃과 세상을 바라보는 시선에 신선한 자극을 주는 책을 펴냅니다.